教育部人文社会科学重点研究基地
吉林大学数量经济研究中心

数量经济研究

The Journal of Quantitative Economics

2016 年　第 7 卷　第 1 期（总第 12 期）　　　Vol. 7　No. 1　2016

主编　张屹山

《数量经济研究》编委会

顾　　问　（以姓氏笔画为序）
　　　　　　乌家培　李京文　陈锡康　周　芳　赵振全
主　　编　张屹山
编 委 会　（以姓氏笔画为序）
　　　　　　王少平　王文举　王维国　王国成　王美今　叶阿中
　　　　　　刘金全　刘树成　孙　巍　朱平芳　陈守东　吴承业
　　　　　　张世伟　张屹山　张晓峒　李子奈　李金华　李雪松
　　　　　　李富强　汪同三　沈利生　沈坤荣　赵国庆　赵欣东
　　　　　　陶长琪　唐绍祥　高铁梅　黄少安　梅国平

编辑部主任　陈守东

主办单位　吉林大学数量经济研究中心
协办单位　吉林大学商学院

主 编 寄 语

《数量经济研究》（*The Journal of Quantitative Economics*）是由吉林大学数量经济研究中心主办、吉林大学商学院协办，社会科学文献出版社公开发行的学术文集。主要发表国内外学者在数量经济的理论与应用、经济形势分析与预测、经济政策理论与评价、金融市场与金融风险、微观经济计量与经济模拟、博弈论与制度经济学等方面的研究成果。

本专辑遵循百花齐放、百家争鸣的方针，坚持理论研究与实证研究相结合、定量分析与定性分析相结合，关注世界经济领域的重大学科前沿问题，并结合中国的实际进行深入的分析和阐释。以加强国内外交流，促进学术繁荣，为经济理论与实践，特别是数量经济的理论与应用研究提供平台，为我国社会主义经济建设服务。

欢迎国内外学者踊跃投稿！特别鼓励年轻学者投身于数量经济理论、方法与应用研究，为繁荣我国的数量经济学学科做出应有的贡献。

张屹山

内 容 简 介

《数量经济研究》是刊载经济学科最新研究论文的学术集刊。其内容涉及经济理论与方法研究、重大现实经济问题研究、金融市场与金融风险管理、微观经济计量与经济模拟等。该集刊坚持理论研究和实践研究相结合、定量分析和定性分析相结合,为数量经济学的理论与应用研究提供平台。集刊特别关注我国社会、经济等领域的重大学科前沿问题,以及结合中国的实际和现实问题进行深入分析、阐述和探索的高水平研究成果。

目 录

1　基于经济景气指数对我国经济周期波动转折点的识别
　　王金明　刘旭阳

15　中国金融周期与景气循环研究
　　陈守东　孙彦林　刘　洋

28　人口年龄结构与居民消费
　　——基于中国 2005~2014 年省际面板数据的实证研究
　　赵国庆　姚青松

43　工业产业发展对工业劳动力流动影响研究
　　孙　巍　刘智超

51　中国金融稳定性的度量及其与主要宏观经济变量的关系
　　邓　创　王思怡　甘　喆

70　农户安全施用农药的意向表达及行为逻辑研究
　　——基于 Fishbein 模型和五省 986 个农户的微观调查数据
　　王建华　邓远远　吴林海

87　区域货币联动与政策干预：中日韩实证分析
　　谷家奎　陈守东

105　中国石油消费强度收敛机制的区域差异分析
　　刘　阳

120　融资约束对中国上市公司投资行为影响的实证研究
　　周　宏

132　吉林大学数量经济研究中心简介

133　撰稿者须知

CONTENTS

1   Identifying the Turning Points of China's Business Cycles Based on Economic Climate Index
    Wang Jinming   Liu Xuyang

15   Financial Cycle and Boom-and-Bust Research of China
    Chen Shoudong   Sun Yanlin   Liu Yang

28   Age Structure and Household Consumption: Evidence from China's Provincial Panel Data
    Zhao Guoqing   Yao Qingsong

43   The Effect on Industrial Labor Mobility from Industry Development in China
    Sun Wei   Liu Zhichao

51   The Financial Soundness and Its Relationship with Main Macroeconomic Variables in China
    Deng Chuang   Wang Siyi   Gan Zhe

70   Research on Intention and Behavior Logic of Farmer's Pesticide Behaviors Safely
    —Based on Fishbein Model of Reasoned Action and the Survey Data of 986 Farmer Households
    Wang Jianhua   Deng Yuanyuan   Wu Linhai

87   Regional Currency Fluctuations and Policy Interventions: An Empirical Analysis of China, Japan and South Korea
    Gu Jiakui   Chen Shoudong

105   Analysis of the Convergence Mechanism Regional Variation of the Petroleum Consumption Intensity in China
    Liu Yang

120   Empirical Study of Financial Constraints' Influence on Chinese Enterprises' Investment Behavior
    Zhou Hong

基于经济景气指数对我国经济周期波动转折点的识别

王金明[1,2]　刘旭阳[2]

(1. 吉林大学数量经济研究中心，吉林，长春，130012；
2. 吉林大学商学院，吉林，长春，130012)

摘要：本文利用 NBER 传统方法和动态因子模型计算景气指数，并基于 B-B 法获得转折点信息，作为经济周期波动基准日期的参考。两个景气指数及其转折点日期信息十分接近，共同反映出我国经济周期波动态势，通过对比存在差异的峰谷点信息，发现 SW 景气指数确定的峰谷点更准确，暂定为我国经济周期波动的基准日期。基于此，本文将我国 21 世纪这段时期划分为四轮经济周期，前两轮经济周期表现出上升阶段长、下降阶段短的非对称特征，而后两轮经济周期出现了上升阶段短而下降阶段长的非对称特征，我国经济目前正处于第四轮经济周期的收缩阶段。同时，本文考察了马尔可夫转换（MS）方法在我国经济周期转折点识别研究中的适用性，发现 MS 方法并不适合作为判断我国经济周期转折点信息的方法。

关键词：经济周期　景气指数　转折点　动态因子模型

Identifying the Turning Points of China's Business Cycles Based on Economic Climate Index

Abstract: This paper calculates climate indexes by both the traditional method of NBER and dynamic factor model (DFMs), and obtains the information of the turning points from the indexes respectively based on Bry-Boschan Method (B-B), which is taken as a reference of busi-

---

* ［基金项目］：本文受到国家自然科学基金项目"中国经济周期波动的转折点识别、阶段转换及预警研究"（71573105）资助。

［作者简介］王金明（1975-），男，吉林辽源人，教授，博士生导师，研究方向：经济周期波动监测和预警。电话：13504476264；电子邮箱：wangjm@ jlu. edu. cn；刘旭阳，女，1991年7月生，吉林大学商学院硕士研究生；电话：13634371037；电子邮箱：453815316@ qq. com。

ness cycle fluctuation. The two climate indexes and relevant information of the turning points are close, they reflect the trend of Chinese business cycle fluctuation. Comparing the peaks and troughs which are different, this paper finds that SW climate index is more precise, so the turning points of the SW index are identified as the reference dates of Chinese business cycles. Based on the index, there exist four business cycles since 2000. We find that the first two business cycles have the asymmetry character of long expansion stage and short contraction stage, while the recent two business cycles have an opposite asymmetry character and China's economy is still in a contraction stage now. This paper also investigates whether Markov Switching (MS) model can be used to identify China's cyclical turning points. Unfortunately, this paper concludes that MS approach is not a good choice to decide China's cyclical turning points.

Key Words: Business Cycle   Climate Index   Turning Points   Dynamic Factor Model

引　言

任何经济系统都伴随着增长较快的繁荣时期与增长较慢甚至负增长的衰退时期的交替出现。在经济衰退时期，产出、投资、消费等下降，人们忍受着失业的痛苦；而经济增长过快又可能导致严重的通货膨胀问题，因此，西方经济学家很早就关注宏观经济繁荣、衰退交替出现的经济周期现象。为了防止经济出现大起大落，政府需要对宏观经济的运行态势进行准确的判断。2008年国际金融危机爆发后，我国采取了扩张性经济政策拉动经济增长，然而，随后通货膨胀接踵而至且愈演愈烈，央行又密集出台提高法定存款准备金率和利息率等紧缩的货币政策来抑制通货膨胀，使得我国经济增长速度再次出现大幅下滑。宏观经济大起大落的事实使得政府部门和经济学界再次认识到研究和掌握经济周期波动规律的重要性和紧迫性。

西方国家一直十分重视经济周期波动监测预警的研究。1937年，美国经济陷入衰退，Mitchell 和 Burns 研究了近 500 个经济指标的时间序列，选择了 21 个指标构成超前指示器，并且通过计算合成指数来刻画经济走势。Burns 和 Mitchell (1946) 出版了景气监测方面的经典著作《量测经济周期》，这本书对景气监测问题进行了系统详尽的讨论。20世纪60年代末美国国家经济研究局 (National Bureau of Economic Research，NBER) 和美国商务部合作开发了反映经济周期波动运行的先行、一致和滞后合成指数。一致合成指数由多个反映当前经济运行的一致指标计算得到，其含义类似于国内生产总值 (GDP)，但能及时监测宏观经济的实时运行态势；先行合成指数是由多个领先于宏观经济实时波动的先行指标计算得到，预示着未来经济波动的走势。传统的景气指数计算方法得到各国政府的广泛使用，然而也有人批评传统的方法依据主观判断经验，缺乏统计理论的基础支撑。因此，主成分分析法、因子分析法等方法大量应用于景气指数的构建上，Stock 和 Watson (1989) 在因子分析方法的基础上，假定各个时间序列的共同成分和特殊成分都由自相关模型生成，利用这种包含序列动态特征的模型即动态因子模型计算出了新型景气指数，受到了学术界和政府部门的重视。随着描述数据非对称特征的马尔可夫转移模型（MS）的发展，更是提出了十分复杂的构建具有 MS 非对称特征的景气指数的数学模型，同时捕捉了一组经济变量的共同波动特征和共同成分的非对称特征。Diebold 等（1996）、Clement 等（2004）、Chauvet 等（2005）、Chauvet 等（2008）将 MS 模型引入动态因子模型，刻画经济周期波动的转折点和非对称性等特征。

我国对经济周期波动的监测和预警的研究起步较晚，董文泉领导的吉林大学科研小组编制了反映中国经济周期波动的先行、一致和滞后扩散指数和合成指数，率先开始对我国经济循环进行测定、分析和预测。董文泉等（1998）在其著作中系统阐述了经济周期波动监测和预测的各种方法，景气分析方法被中国经济景气监测中心、国家信息中心等国家机构使用并发布景气指数。2003 年的中央经济工作会议提出："当前，我国经济正处于经济周期的上升阶段"，这是中央经济工作会议首次采用"经济周期"的提法对经济走势进行判断，为我国经济周期波动的研究提出了新的任务，经济周期研究得到大力发展。现代的非线性计量模型已经被大量运用在经济周期波动的研究中，刘金全等（2005）利用 MS-VAR 模型对我国经济增长周期的非对称特征进行分析；郭庆旺等（2007）将 MS 模型加入动态因子模型中刻画我国经济周期波动的非对称特征；高铁梅等（2009）通过多维框架的景气分析思想对我国转轨时期经济周期波动的特征进行了细致研究；白仲林等（2012）利用面板数据 MS 模型研究了 10 个经济合作与发展组织（Organization for Economic Co-operation and Development，OECD）国家经济周期的非对称性等。

经济周期具有非对称性的这种思想历史悠久，凯恩斯就曾经指出经济周期扩张和衰退是不同的，前者持续时间较长，而后者更加剧烈；近代学者的实证研究也表明非对称性的确存在。非对称特征具有十分重要的含义，如果扩张和收缩的持续时间的确显著不同，这时仍然利用线性模型进行模拟和预测是不可信的，因为线性模型忽视了经济所处状态的不同所产生的影响。而且，稳定的宏观经济政策的设计和实施也应该考虑到宏观经济所处的状态。因此，在经济周期波动研究中，繁荣阶段和衰退阶段的划分是非常重要的工作。美国的 NBER 建立了经济周期波动转折点日期的时间表，成为美国经济周期问题研究的基准参照日期，自 1978 年以来，包括 7 位经济学家的 NBER 经济周期定期委员会专门负责确定基准转折点日期。NBER 通过 Bry & Boschan（简称 B - B）方法识别一致合成指数的峰、谷点日期，并进一步参考其他信息来综合确定基准转折点日期，而 Hamilton（1989）提出的马尔可夫转换（Markov Switching，MS）模型得到了与 NBER 发布的经济周期转折点十分接近的结果。我国虽然有很多研究机构和政府部门在进行经济景气分析工作，但尚未确定普遍认可的基准日期，使得国内在经济周期波动领域的研究缺少一个公认的参照体系。本文将采用传统方法和现代方法相结合的方式综合确定基准日期。利用传统的 B - B 法、现代的 MS 等非线性计量模型方法，对一致合成指数等总量指标进行转折点识别，基于这些信息综合确定出我国经济周期波动的基准日期。

1 传统和现代景气指数的计算方法

经济周期波动是通过一系列经济活动来传递和扩散的,任何一个经济变量本身的波动过程都不足以代表宏观经济整体的波动过程。因此,为了正确地测定宏观经济波动状况,必须综合考虑生产、消费、投资、贸易、财政、金融、企业经营、就业等各领域的景气变动及相互影响。经济繁荣和衰退可以通过不同部门经济变量的时间序列得到反映,因此可以选取与经济周期波动密切相关的一组重要经济指标,用数学方法合成为经济景气指数,作为观测宏观经济波动的综合尺度,这是合成指数方法的基本思想。NBER 开发的经济周期先行、一致和滞后合成指数,被一直使用至今,用来刻画经济状态和描述未来发展动向,对衰退和复苏做出预测。

1.1 合成指数的计算方法

目前国际上使用的合成指数计算方法有三种,分别为美国 NBER 方法、OECD 方法和日本经济企划厅调查局的方法,本文所使用的方法与 NBER 合成指数计算方法一致[①]。设指标 Y_{it} 为第 i 个指标;$i = 1, 2, \cdots, k$,n 为样本个数;t 表示时间。首先对 Y_{it} 求对称变化率 C_{it}:

$$C_{it} = 200 \times \frac{Y_{it} - Y_{i,t-1}}{Y_{it} + Y_{i,t-1}}, t = 2,3,\cdots,n \tag{1}$$

为了防止变动幅度大的指标在合成指数中取得支配地位,各指标的对称变化率 C_{it} 都被标准化,使其平均绝对值等于 1。首先求标准化因子 A_i:

$$A_i = \sum_{t=2}^{n} \frac{|C_{it}|}{n-1} \tag{2}$$

用 A_i 将 C_{it} 标准化,得到标准化变化率 S_{it}:

$$S_{it} = C_{it}/A_i, t = 2,3,\cdots,n \tag{3}$$

求出一致指标组的每个时点的综合变化率 R_t:

$$R_t = \frac{\sum_{i=1}^{k} S_{it} \cdot w_i}{\sum_{i=1}^{k} w_i}, t = 2,3,\cdots,n \tag{4}$$

其中,w_i 是第 i 个指标的权数,可以使用等权,即 $w_i = 1$。最终制成以基准年份为 100 的合成指数,令 $CI_1 = 100$,则

---

① 计算方法在董文泉、高铁梅等(1998)的著作《经济周期波动的分析与预测方法》中做了详细介绍。

$$CI_t = CI_{t-1} \times \frac{200 + R_t}{200 - R_t}, \ t = 2, 3, \cdots, n \tag{5}$$

1.2 动态因子模型和 SW 景气指数

在计算景气指数方面，动态因子模型（Dynamic Factor Model）得到广泛应用。Stock 和 Watson（1989）认为，宏观经济变量的变化存在一个共同的成分，这一因素可由一个不可观测的基本变量来体现，这一基本变量代表了总的经济状态，它的波动才是真正的景气循环。他们利用动态因子模型，构造了捕捉经济变量之间协同变化的共同成分，这一不可观测的基本变量被称为 Stock-Waston 型景气指数，简称 SW 景气指数。由于 SW 景气指数是建立在严密的数学模型基础上，所以和 CI 等传统的景气循环的测定方法相比有了很大的进步。Stock 和 Watson 构建景气指数的方法在理论界得到了广泛的关注和发展，各国政府和研究机构也纷纷利用这种方法开发出了新的景气指数。

1.2.1 动态因子模型形式

$$\Delta y_{it} = \gamma_i(L) \Delta c_t + u_{it}, i = 1, 2, \cdots, k \tag{6}$$

$$\varphi(L) \Delta c_t = \varepsilon_t \tag{7}$$

$$\psi_i(L) u_{it} = v_{it} \tag{8}$$

其中，$\gamma_i(L)$，$\phi(L)$，$\psi_i(L)$ 分别为 p_i，q，r_i 阶滞后算子多项式。Δy_{it} 代表第 i 个一致经济指标 Y_{it} 的差分序列减均值，它由共同成分的差分 Δc_t 的当期和滞后期的线性组合与特殊成分 u_{it} 构成，ε_t 和 v_{it} 彼此独立且服从正态分布，k 为一致经济指标的个数。这里的 c_t 是我们最为关心的反映景气状态的 SW 景气指数。式（6）是因子模型的形式，它与分别描述了共同因子的动态行为和各个特殊成分的动态行为的式（7）和式（8），共同构成了动态因子模型。

1.2.2 状态空间模型形式

式（6）~式（8）构成的模型中包含不可观测变量 c_t，若要对这样的模型进行估计，需要将其写成状态空间模型的形式。状态空间模型建立了可观测变量和不可观测的状态变量之间的关系，通过可观测变量估计状态变量。状态空间模型的一般形式为：

量测方程：

$$y_t = Z_t \alpha_t + d_t + \varepsilon_t \tag{9}$$

状态方程：

$$\alpha_t = T_t \alpha_{t-1} + R_t \eta_t, t = 1, \cdots, T \tag{10}$$

在量测方程中，y_t 是包含 k 个经济变量的可观测向量，α_t 为状态向量，$t = 1, 2, \cdots, T$，T 表示样本长度，Z_t 是 $k \times m$ 参数矩阵，d_t 是 $k \times 1$ 向量，ε_t 是 $k \times 1$ 向量，是均

值为0,协方差矩阵为 H_t 的连续的不相关扰动项。在式(10)描述的状态方程中,T_t 是 $m \times m$ 参数矩阵,R_t 是 $m \times g$ 系数矩阵,η_t 是 $g \times 1$ 向量,是均值为0,协方差矩阵为 Q_t 的连续的不相关扰动项。在所有的时间区间上,扰动项 ε_t 和 η_t 是相互独立的。量测方程中的矩阵 Z_t,d_t,H_t 表示量测方程误差项的方差协方差矩阵,Q_t 表示转移方程误差项的方差协方差矩阵。转移是不是"状态"?

1.2.3 动态因子模型的状态空间形式

经过适当地定义,式(6)~式(8)可以表示成状态空间模型的形式。在本文后面的实证分析中,状态空间模型形式为:

量测方程:

$$\begin{bmatrix} \Delta y_{1t} \\ \Delta y_{2t} \\ \Delta y_{3t} \\ \Delta y_{4t} \end{bmatrix} = \begin{bmatrix} \gamma_{11} & \gamma_{12} & 1 & 0 & 0 & 0 & 0 & 0 & 0 \\ \gamma_{21} & 0 & 0 & 0 & 1 & 0 & 0 & 0 & 0 \\ \gamma_{31} & 0 & 0 & 0 & 0 & 0 & 1 & 0 & 0 \\ \gamma_{41} & 0 & 0 & 0 & 0 & 0 & 0 & 0 & 1 & 0 \end{bmatrix} \begin{bmatrix} \Delta c_t \\ \Delta c_{t-1} \\ u_{1t} \\ u_{1,t-1} \\ u_{2t} \\ u_{2,t-1} \\ u_{3t} \\ u_{3,t-1} \\ u_{4t} \\ u_{4,t-1} \end{bmatrix} \quad (11)$$

状态方程:

$$\begin{bmatrix} \Delta c_t \\ \Delta c_{t-1} \\ u_{1t} \\ u_{1,t-1} \\ u_{2t} \\ u_{2,t-1} \\ u_{3t} \\ u_{3,t-1} \\ u_{4t} \\ u_{4,t-1} \end{bmatrix} = \begin{bmatrix} \varphi_1 & \varphi_2 & 0 & 0 & \cdots & 0 & 0 \\ 1 & 0 & 0 & 0 & \cdots & 0 & 0 \\ 0 & 0 & \psi_{11} & \psi_{12} & \cdots & 0 & 0 \\ 0 & 0 & 1 & 0 & \cdots & 0 & 0 \\ \vdots & \vdots & \vdots & \vdots & \ddots & 0 & 0 \\ 0 & 0 & 0 & 0 & \cdots & \psi_{41} & \psi_{42} \\ 0 & 0 & 0 & 0 & \cdots & 1 & 0 \end{bmatrix} \begin{bmatrix} \Delta c_{t-1} \\ \Delta c_{t-2} \\ u_{1,t-1} \\ u_{1,t-2} \\ u_{2,t-1} \\ u_{2,t-2} \\ u_{3,t-1} \\ u_{3,t-2} \\ u_{4,t-1} \\ u_{4,t-2} \end{bmatrix} + \begin{bmatrix} \varepsilon_{t-1} \\ 0 \\ v_{1t} \\ 0 \\ v_{2t} \\ 0 \\ v_{3t} \\ 0 \\ v_{4t} \\ 0 \end{bmatrix} \quad (12)$$

将动态因子模型表示成状态空间模型形式时,每个指标的特殊成分 u_{it} 是状态变量,因此,量测方程(11)中并不含有状态空间模型标准形式(9)中的随机扰动项。状态空间模型用通常的估计方法进行估计是不可能的,状态空间模型要利用强有效的递归算法——Kalman 滤波来进行估计。

2 反映我国经济周期波动的景气指数

2.1 指标选取和数据处理

由于工业是国民经济中最为核心的行业，一个国家的工业发展水平是衡量经济发达程度最关键的指标，因此，在经济景气分析中，多数国家都是将工业生产作为基准指标，利用时差相关分析和 K-L 信息量等统计方法，按照与基准指标的关系将经济指标区分为先行、一致和滞后指标组①。其中，一致指标是能够反映经济景气的重要的统计指标，需要在生产、销售、金融、财政、消费、物价等多个领域中选择，如美国商务部以工业生产指数为基准指标，选择非农业就业人数、个人收入、工业生产指数、制造业和商业销售额四个指标计算一致合成指数，用来刻画经济波动。

我国自改革开放以来，宏观经济总量保持了很高的增长速度，我国大多数研究部门和政府机构都利用增长率周期波动来研究我国的经济周期波动状况，观察经济时间序列的增长率的周期波动规律。对于发展中国家而言，宏观经济增长速度逐渐上升表明经济处于周期上升阶段，而增长速度下降表明经济处于周期回落阶段。这与美国等发达国家不同，它们是将经济总量绝对水平的上升和下降作为经济周期扩张和衰退的划分标准。因此，本文的各个指标均采用同比增长率序列，并经过 X_{12} 季节调整剔除了季节性因素和不规则因素的影响。以工业增加值增速作为基准指标，本文分别计算备选指标直到 12 期的先行、滞后序列与基准指标的时差相关系数和 K-L 信息量，选出先行或滞后在 3 个月以内、相关系数较大且 K-L 信息量较小的指标，然后，观察它们与工业增加值序列的峰、谷转折点的对应关系，最终确定工业增加值（Y_1）、产品销售收入（Y_2）、固定资产投资（Y_3）和发电量（Y_4）共同构成一致经济景气指标组②。本文使用的计算合成指数方法要求各个指标是平稳的，经 ADF 检验表明，对这些指标进行一阶差分并标准化处理后，各个序列都是平稳序列（见表 1）。

表 1 一致指标的 ADF 检验

指标	检验方程设定			ADF 检验统计量	临界值（1% 水平）
	截距	趋势	滞后阶数		
ΔY_1	无	无	5	-4.39	-2.58
ΔY_2	无	无	5	-6.11	-2.58
ΔY_3	无	无	3	-4.95	-2.58

---

① 计算方法和指标筛选过程参见董文泉等《经济周期波动的分析与预测方法》（吉林大学出版社，1998）。
② 在经济景气分析研究中，先行（滞后）期在 3 个月以内的指标认为是一致指标，这些指标反映了经济周期波动的实时态势，先行期超过 3 个月的经济指标可以作为先行指标，反映了经济周期波动的未来走势。本文样本区间为 2000 年 1 月 ~ 2014 年 12 月，数据来源：中国经济信息网，http://www.cei.gov.cn/。

续表

指标	检验方程设定			ADF 检验统计量	临界值（1% 水平）
	截距	趋势	滞后阶数		
ΔY_4	无	无	3	-4.44	-2.58

注：滞后阶数结合 Schwarz 信息准则和检验方程中滞后项的系数显著性综合确定。

2.2 景气指数计算

根据本文筛选的景气指标组，利用本文介绍的 NBER 计算方法，即公式（1）~（5），计算一致合成指数（设定一致合成指数在 2003 年的平均值为 100），如图 1 所示。基于动态因子模型计算 Stock-Watson 景气指数，经过对各个滞后阶数的反复试验，得到的参数估计值和对应的标准差列于表 2，通过模型计算出来的景气指数 c_t 如图 2 所示（数据经过标准化处理，并调整均值使得 2000 年 1 月等于 100）。

图 1 和图 2 表明，进入 21 世纪后，景气指数表现出高位波动的态势，但国际金融危机使得我国经济景气指数显著下降。随后，超常规的刺激性经济政策使得经济景气迅猛回升，但由于通货膨胀率持续走高，央行又不得不密集出台紧缩货币政策，经济景气再次回落，虽然也出现一段时期的景气回升，但总体看来，至今一直是处于持续回落的态势。

表 2　参数估计结果

参数	ϕ_1	ϕ_2	γ_{11}	γ_{12}	ψ_{11}	ψ_{12}	γ_{21}	ψ_{21}	ψ_{22}	γ_{31}	ψ_{31}	ψ_{32}	γ_{41}	ψ_{41}	ψ_{42}
估计值	1.83	-0.91	0.06	0.05	1.47	-0.97	0.04	1.69	-0.87	0.04	1.61	-0.83	0.14	1.65	-0.87
标准差	0.04	0.04	0.01	0.01	0.03	0.02	0.01	0.03	0.03	0.02	0.03	0.03	0.02	0.04	0.04
对数似然值	342.78														

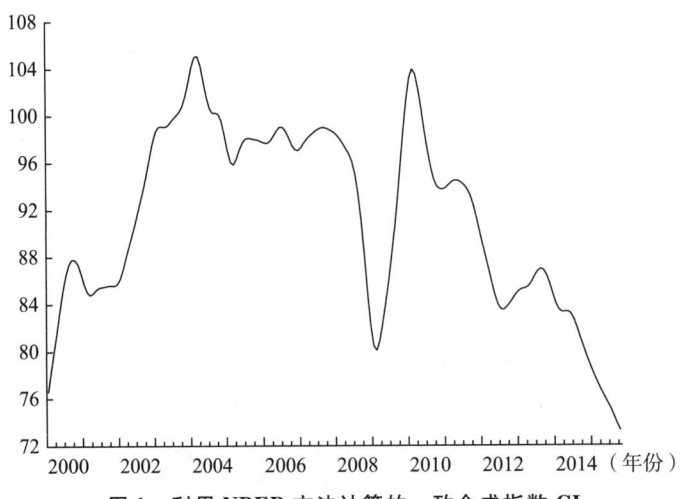

图 1　利用 NBER 方法计算的一致合成指数 CI

图 2　利用动态因子模型计算出的景气指数

3　基于景气指数识别转折点日期

从景气指数图可以看到，在金融危机的冲击下，经济景气出现一次振幅非常大的波动，以此为分水岭，金融危机之前主要表现为经济景气逐渐回升和高位震荡，强刺激性政策拉起经济景气之后主要表现为经济景气的逐步回落。本文下面将采用传统的 B－B 法、现代的 MS 等非线性计量模型方法，对前文计算的一致合成指数和 SW 指数进行转折点识别。

3.1　基于 B－B 法计算景气指数的转折点

经济时间序列转折点的测定和预测是景气分析的一项重要内容。美国全国经济研究局（NBER）的 Bry 和 Boschan 于 1971 年开发了一种测定经济时间序列转折点的方法 B－B 法。使用 B－B 法确定经济时间序列的峰、谷的出现时间，这种方法要求：①峰与谷（或谷与峰）之间，即一个阶段持续期间在 6 个月以上；② 一个周期的持续期间，即两个相同转折点（峰－峰或谷－谷）之间的间隔大于 15 个月。这是从通常的经验出发得到的约束条件，目的是避免较短波动的干扰，确定主要的峰和谷。

利用 B－B 法分别对利用 NBER 方法计算的一致合成指数 CI 和利用动态因子模型计算的 SW 景气指数进行转折点识别，得到的结果分别列在表 3 和表 4 中。利用两种完全不同的方法得到的景气指数反映出很相近的转折点日期，除了 2001 年出现的谷底日期相差较大（5 个月）以外，其他峰谷点日期最多相差 2 个月，其中，2007 年 9 月、2012 年 8 月和 2013 年 8 月完全相同。

两个景气指数及其转折点日期信息十分接近，共同反映出我国经济周期波动出现的特征变化。在金融危机以前，经济周期表现出上升阶段长、下降阶段短的非对称特征；而在金融危机的冲击下，我国经济周期在 2009 年第 1 季度达到谷底后，出现了上升阶段短而下降阶段长的非对称特征。并且，月度景气指数显示我国当前景气逐渐回落的特征，一致合成指数 CI 和 SW 景气指数在 2013 年 8 月达到峰值后都表现出逐渐下降的态势，至 2015 年 10 月已经下降 26 个月。

表 3　基于 CI 得到的转折点日期

	谷	峰	谷	期	间	（月数）
				扩张期	收缩期	全循环
第 1 循环	2001 年 3 月	2004 年 3 月	2005 年 3 月	36	12	48
第 2 循环	2005 年 3 月	2007 年 9 月	2009 年 2 月	29	18	47
第 3 循环	2009 年 2 月	2010 年 2 月	2012 年 8 月	12	30	42
第 4 循环	2012 年 8 月	2013 年 8 月	—	12	—	—

表 4　基于 SW 指数得到的转折点日期

	谷	峰	谷	期	间	（月数）
				扩张期	收缩期	全循环
第 1 循环	2001 年 8 月	2004 年 2 月	2005 年 2 月	29	13	42
第 2 循环	2005 年 2 月	2007 年 9 月	2009 年 1 月	31	16	47
第 3 循环	2009 年 1 月	2010 年 1 月	2012 年 8 月	12	31	43
第 4 循环	2012 年 8 月	2013 年 8 月	—	12	—	—

不过，这两个指数的峰、谷点还不能最终确定为经济周期波动的基准日期。基准日期的确定需要非常谨慎，美国经济周期波动的基准日期是由设置在 NBER 的经济循环基准日期定期委员会的经济学家们，结合一致指数峰、谷信息和对主要经济变量行为特征、经济政策执行等各个层面的综合判断最终确定的，同样，我国基准日期的判断也不能仅凭这两个景气指数提供的信息来确定。本文将两个指数确定出的相同的转折点暂定为基准日期，对于存在差异的转折点，再通过细致地观察工业增加值等几个景气指标的原始序列数值进行综合判断。如 CI 和 SW 分别确定了 2009 年 2 月和 1 月为谷底，通过观察景气指标，发现工业增加值、固定资产投资和发电量都是在 1 月达到谷底，因此，初步认定 2009 年 1 月为这轮波动的谷底；类似的，确定 2010 年 1 月为此轮波动的峰。对每个存在差异的峰谷点进行对比，发现 SW 景气指数确定的峰谷点几乎都最终被确定为基准日期。因此，本文认为，通过动态因子方法得到的 SW 景气指数确定出的峰谷日期可以作为近年经济周期波动的基准日期。

3.2　基于 MS 模型分析景气指数的转折点

Hamilton（1989）用状态转移模型（Markov Regime-Switching，MS）模拟了美国产出数据的状态变化，他认为自回归模型中的参数应该依产出所处的状态变化而取不同的值，并且假定描述经济状态的状态变量服从一阶马尔可夫过程。他用这个模型分析了美国 1951～1984 年的季度 GDP 行为，刻画了产出的非对称性，得到了与 NBER 测算的美国经济周期非常接近的转折点。从此，马尔可夫转移模型（Markov Switching，MS）

在分析经济周期和金融时间序列的非对称特性方面得到了广泛的应用,并在应用中不断根据实际问题进行扩展,取得了大量的成果。本文将利用 MS 方法确定我国经济周期转折点,对这种方法在我国的适用性进行检验。

3.2.1 MS 模型

设 y_t 表示实际产出的增长率数据序列,假定在经济增长率较低的衰退时期,它的动态行为用自回归模型 AR(r)来描述,在经济增长较快的繁荣时期可以预期稳态数值将发生改变,产出的动态行为用不同于其处于衰退时期的模型刻画更合理,如用一个统一的模型形式来描述产出的这种行为:

$$(y_t - \mu_{s_t}) = \phi_{s_{t-1},1}(y_{t-1} - \mu_{s_{t-1}}) + \phi_{s_{t-2},2}(y_{t-2} - \mu_{s_{t-2}}) + \cdots + \phi_{s_{t-r},r}(y_{t-r} - \mu_{s_{t-r}}) + \varepsilon_t, \varepsilon_t \sim N(0, \sigma_{s_t}^2) \quad (13)$$

其中 s_t 为状态变量,如果假定经济包含两种状态,即 s_t 只取两个值:1 或 2,则均值就依所处的不同状态取 μ_1 或 μ_2 两个值,如果 s_t 取值为 1,代表经济的衰退状态,s_t 取值为 2,代表经济的繁荣状态,则 μ_1 为 y_t 在衰退时期的稳态值,μ_2 为 y_t 在繁荣时期的稳态值,这里,μ 值的变化体现了状态的改变。误差项为 ε_t,其标准差相应分别取 σ_1、σ_2 两个值。

模型中包含了不可观测的离散变量 s_t,如果由马尔可夫链描述,可以称为马尔可夫转换模型,以下记为 MS 模型,若自回归阶数为 r,则称为 MS(r)模型。此模型中 y_t 的条件密度函数依赖直到 $t-r$ 时刻的状态变量的取值,因而,y_t 的条件密度函数将是 2^{r+1} 项服从正态分布的条件密度函数的加权平均,权重为 $p(s_t, s_{t-1}, \cdots, s_{t-r} | Y_{t-1})$。在对这样的模型进行估计的时候,需要进行大量的概率推断计算,然后才能写出某一个时点上的因变量的混合正态分布的概率密度。对这些概率的推断可以用 Hamilton 滤波来实现,并进而运用极大似然法求出参数估计值。

3.2.2 基于 MS 模型识别经济周期波动转折点

Hamilton 利用 MS(4)模型分析了美国实际 GNP 季度数据,区分了在美国经济周期波动的不同状态下实际 GNP 序列的不同运行机制。Hamilton 得到的结果与 NBER 经济周期定期委员会确定的美国经济周期转折点非常接近,识别出了美国经济周期的上升阶段和下降阶段。但是,这种方法是具有局限性的,当经济结构出现变化或者当经济出现大的危机等情况,使得新的数据特征与以往不相同而发生剧烈变化时,模型将无法得到合理的估计结果。例如,Hamilton 的研究中使用的美国数据截止到 1984 年,当 Kim 等(1999)将样本增加到 1995 年第 3 季度的时候,就发现模型不能提供合理的参数估计,因此也就无法对经济处于衰退还是扩张阶段做出合理的推断。Kim 等认为,模型假定产出增长率在经济扩张或者衰退阶段的平均增长速度是不变的,而由于新增样本区间中生产率下降,数据特征发生变化,模型无法做出解释。下面,我们来考察 MS 方法在识别我国经济周期转折点时是否能够得到合理的结果。

景气指数表明 2008 年开始的国际金融危机使得我国经济波动幅度过于剧烈,并且,金融危机前后我国经济波动扩张阶段和收缩阶段的非对称特征出现明显的变化,因此,本节只考虑金融危机后 2009 年 1 月~2015 年 10 月这段区间。与美国等发达国家不同,我国研究的是增长率循环,也就是说,当我国增长率逐渐提高时才认为经济处于扩张阶段。因此,我国的经济周期转折点是从经济增长率上升阶段转为下降阶段的时点。基于上述考虑,式(13)中 Y_t 选择 SW 景气指数的差分序列。通过试验各个滞后阶数,利用极大似然估计得到表 5 所示参数估计值及其对应的标准差。

表 5 参数估计值及标准差

系数	μ_1	μ_2	ϕ_{11}	ϕ_{12}	ϕ_{21}	ϕ_{22}	p_{11}	p_{12}	σ
估计值	-3.16	4.01	1.69	-0.87	1.80	-0.86	0.70	0.61	0.85
标准差	1.01	4.25	0.06	0.53	0.05	0.05	0.24	0.16	0.08

根据估计的结果可以看出,衰退状态下的均值 μ_1 是 -3.16,即衰退状态每个月平均下降 3.16,在扩张状态下的均值 μ_2 是 4.01,即扩张状态每个月平均上升 4.01,景气指数表现出上升速度高于下降速度的陡升缓降特征。这个特征与金融危机前缓升陡降的非对称特征完全相反,而与 20 世纪 90 年代后期暨亚洲金融危机后的软着陆时期特征相近。经济处在扩张或者衰退状态的持续性特征可以由 p_{11} 和 p_{22} 反映出来,如果某个月份处在衰退状态,那么下一个月仍然处于衰退状态的概率是 $p_{11}=0.70$,如果某个月份处于扩张状态,下一个月仍然处于扩张状态的概率为 $p_{22}=0.61$,因此,经济景气处在衰退阶段的持续性要强于经济景气处于扩张阶段,这与利用 B-B 法得到的结论类似,即金融危机后出现上升阶段短而下降阶段长的非对称特征。但是,本文前面利用 B-B 法得到的金融危机后经济景气处于扩张阶段的持续时间为 12 个月,而基于 MS 方法得到的扩张阶段平均持续时间仅为 3 个月,与实际情况相比并不合理。

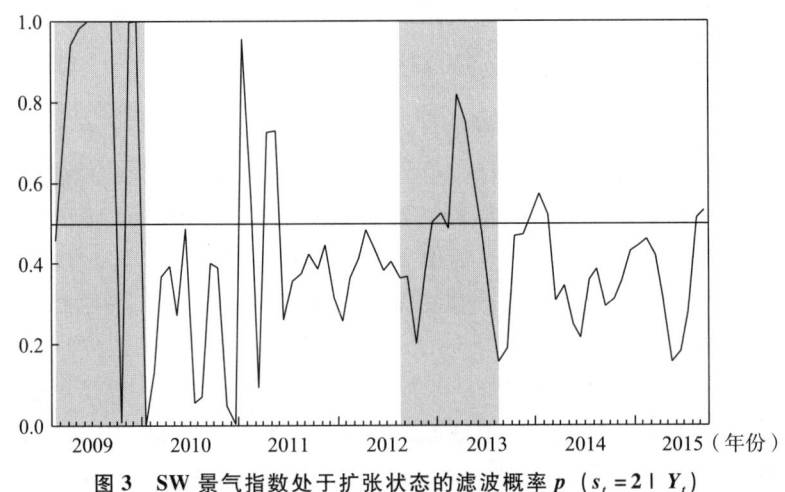

图 3 SW 景气指数处于扩张状态的滤波概率 $p(s_t=2\mid Y_t)$

本文最为关心的是通过 MS 模型得到的转折点日期,通过计算 SW 景气指数在各个观测点处于每种状态的概率,可以据此将样本点划分为扩张状态 [$p(s_t=2)>0.5$]

和收缩状态 $[p(s_t=2) \leq 0.5]$，进而识别出 SW 景气指数的转折点。基于 Hamilton 滤波计算得到的 SW 指数处于扩张状态的滤波概率 $p(s_t=2|Y_t)$ 如图3所示。图3中阴影部分是基于 B-B 法进行峰谷点识别得到的经济景气扩张阶段，在第一个景气扩张区间中，扩张概率 $p(s_t=2|Y_t)$ 多数情况都超过了0.5，但在2012年8月~2013年8月的扩张阶段中，扩张概率仅仅在2012年12月~2013年5月区间中超过0.5。并且，扩张概率在2011年1~5月也出现超过0.5的情形，与图2对比可知，这阶段的确出现了短时期的景气扩张，但由于扩张期间过短，通过 B-B 法进行转折点识别的时候剔除掉了这一扩张阶段。因此，虽然 MS 方法对数据反映更加灵敏，但在进行转折点识别的研究中，与 B-B 法相比存在较大差别。结合景气指标、景气指数和 GDP 数据等多方面的信息，利用 B-B 法获得的转折点更确切。可见，虽然 MS 方法在美国经济周期基准日期识别研究中表现出很好的性质，得到了与 NBER 定期委员会确定的基准日期非常接近的结果，但这种方法运用在我国经济周期转折点确定研究中，并不能提供可靠的结论。并且，模型设定的不同形式会使得结果出现较大的差异，也就是说，利用 MS 方法得到的转折点信息高度依赖于所采用的模型形式，这说明 MS 方法缺少稳健性，实际部门对于经济周期转折点的判断仍然要利用传统方法进行，MS 模型只能作为参考和验证手段。

4 结论

本文分别利用 NBER 传统方法和动态因子模型计算景气指数，并利用 B-B 法获得转折点信息，作为经济周期波动基准日期的参考。两个景气指数及其转折点日期信息十分接近，共同反映出我国经济周期波动态势。月度景气指数显示我国当前景气逐渐回落的特征，一致合成指数 CI 和 SW 景气指数在2013年8月达到峰值后都表现出逐渐下降的态势，至2015年10月已经下降26个月。

本文对于两个指数确定出的相同的转折点暂定为基准日期，对于存在差异的转折点，再通过细致地观察工业增加值等几个景气指标的原始序列数值进行综合判断。对每个存在差异的峰谷点进行对比，发现 SW 景气指数确定的峰谷点几乎都最终被确定为基准日期。因此，本文认为，通过动态因子方法得到的 SW 景气指数确定出的峰谷日期可以作为近年经济周期波动的基准日期。据此本文认为，进入21世纪，我国经历了四轮经济周期波动：第一轮循环为2001年8月~2005年2月，周期持续期间为42个月，2004年2月达到峰，扩张期30个月，收缩期12个月；第二轮循环为2005年2月~2009年1月，周期持续期间为47个月，2007年9月达到峰，扩张期31个月，收缩期16个月；第三轮循环为2009年1月~2012年8月，周期持续期间为43个月，2010年1月达到峰，扩张期12个月，收缩期31个月；目前处在第四轮循环中，2012年8月~2013年8月为本轮波动的扩张期，持续12个月，随后进入收缩阶段，至2015年10月已经下降26个月。虽然第四轮周期尚未见底，但已经可以判断出这几轮周期显著的特征转变。前两轮经济周期表现出上升阶段长、下降阶段短的非对称特征；而后两轮周期出现了上升阶段短而下降阶段长的非对称特征。

本文还考察了近年来被学术界广为使用的 MS 方法在我国经济景气转折点识别研究中的适用性，研究发现，与传统的 B－B 法相比，利用 MS 方法得到的参数结果和转折点信息等并不可靠，稳定性也较差，结合景气指标、景气指数和 GDP 数据等多方面的信息，发现利用 B－B 法获得的转折点更符合现实。实际部门对于经济周期转折点的判断仍然要利用传统方法进行，MS 模型还只能作为参考和验证手段。

参考文献

白仲林，赵亮. 2012. 面板数据马尔可夫体制转换回归模型估计的 EM 算法及其应用. 数量经济技术经济研究，(5)：121－133.

董文泉，高铁梅等. 1998. 经济周期波动的分析与预测方法. 长春：吉林大学出版社.

高铁梅，王金明等. 2009. 中国转轨时期的经济周期波动——理论、方法及实证研究. 北京：科学出版社.

郭庆旺，贾俊雪，杨运杰. 2007. 中国经济周期运行特点及拐点识别分析. 财贸经济，(6)：11－17.

刘金全，刘志刚，于冬. 2005. 我国经济周期波动性与阶段性之间关联的非对称性检验——Plucking 模型对中国经济的实证研究. 统计研究，(8)：38－43.

Bry, G., Boschan, C. 1971. Cyclical Analysis of Time Series: Selected Procedures and Computer Programs. NBER, New York.

Burns, A. F., Mitchell, W. C. 1946. Measuring Business Cycles. NBER, New York.

Chauvet, M., Hamilton, J. D. 2005. Dating Business Cycle Turning Points. NBER Working Paper No. 11422.

Chauvet, M., Piger, J. 2008. A Comparison of the Real-Time Performance of Business Cycle Dating Methods. *Journal of Business & Economic Statistics*, 26 (1): 42－49.

Clement, M. P., Krolzig H. M. 2004. Can Regime-Switching Models Reproduce the Business Cycle Features of U. S. Aggregate Consumption, Investment and Output? *International Journal of Finance and Economics*, 9 (1): 1－14.

Diebold, F. X., Rudebusch, G. D. 1996. Measuring Business Cycles: A Modern Perspective. *Review of Economics and Statistics*, 78 (1): 67－77.

Hamilton, J. D. 1989. A New Approach to the Economic Analysis of the Nonstationary Time Series and the Business Cycle, *Econometrica*, 57 (2), 357－384.

Hamilton J D. 2011. Calling Recessions in Real Time. *International Journal of Forecasting*, 27 (4): 1006－1026.

Kim, Chang-Jin, Nelson C. R. 1999 (a). *State-Space Model with Regime Switching: Classical and Gibbs-Sampling Approach with Application*. Cambridge: MIT Press.

Stock, J. H., Watson, M. W. 1989. *New Indexes of Coincident and Leading Economic Indicators//NBER Macroeconomics Annual 1989*. MIT Press, (4): 351－409.

中国金融周期与景气循环研究[*]

陈守东[1,2]　孙彦林[1,2]　刘　洋[2]

(1. 吉林大学数量经济研究中心，吉林，长春，130012；
2. 吉林大学商学院，吉林，长春，130012)

摘要：本文使用基于 RTV-DFM 合成的 FCI 来分析中国的金融状况，通过分析中国的金融周期与景气循环特征来把握中国金融的基本状况，并在此基础上进行预测。研究发现：本文合成的 FCI 很好地刻画了中国的金融状况，中国金融周期与货币政策周期高度一致；可作为金融经济变量的先行指标；预测显示中国金融状况将渐进式"走出最坏，逼近光明"。

关键词：金融状况指数　金融周期　金融景气循环　滚动预测

Financial Cycle and Boom-and-Bust Research of China

Abstract: This paper, based on FCI synthesized by RTV-DFM to analysis China's financial condition, attempted to grasp the basic financial situation through the analysis of the financial cycle and boom-and-bust characteristics of the China, and then make predictions. The study finds that FCI of this paper is a good description of China's financial condition which could be used as the leading indicator of financial economic variables, and China's financial cycle is highly consistent with the monetary policy cycle; besides, the forecast shows that China's financial condition will gradually "get out of the worst, approaching the light".

Key Words: Financial Condition Index　Financial Cycle　Financial Boom-and-Bust　Rolling Forecast

---

[*]　[基金项目] 教育部人文社科重点研究基地重大项目(14JJD790043)。
　　[作者简介] 陈守东(1955 -)，男，天津蓟县人，吉林大学教授、博士生导师，研究方向：金融财务决策、金融工程与风险管理。孙彦林(1991 -)，男，内蒙古巴彦淖尔人，博士研究生，研究方向：金融计量分析。刘洋(1978 -)，男，吉林长春人，博士研究生，研究方向：金融计量分析。

引　言

　　近期股市动荡不堪，动辄千股跌停，由此引发的一系列社会问题迫使"国家队"不得不积极介入护盘救市。作为中国金融市场的重要组成部分，股市的剧烈波动势必冲击中国整体的金融状况。随着金融市场深度与广度的不断延伸，虚拟经济与实体经济的关联程度不断加深，金融状况受到冲击，实体经济也无法幸免。一旦突破界限，势必诱发系统性金融风险，最终引起实体经济的衰退，2008年的全球金融海啸就是最好的证明。尤其是中国当前正处于"增长速度换挡期""结构调整阵痛期""前期刺激政策消化期"的"三期叠加"的关键时期，准确把握中国当下的金融状况，在了解金融状况历史规律的基础上掌握其长期趋势与周期波动特征，对中国顺利渡过"三期叠加"时期、实现经济平稳着陆具有相当重要的现实意义，对这一领域研究的推进也具有深远的学术价值。

　　作为货币政策传导机制的重要一环，金融状况不仅会影响实体经济，还对实体经济具有较强的预测能力，且二者之间存在着较为复杂的影响关系及非线性传导机制（王妍，2014）。在研究过程中，通常以经货币状况指数衍生而来的金融状况指数（Financial Condition Index，FCI）（Goodhart和Hofmann，2001）来刻画一个国家或一个地区的金融状况，如Lack（2003）、Holz（2005）、封北麟和王贵民（2006）、Swiston（2008）、王彬（2009）、Premsingh（2010）等，但这些研究均基于VAR脉冲响应或者回归分析，指标体系也仅限于有限维度。随着经济规模增长与金融内容丰富，经济金融数据的横截面不断外延、纵截面与日俱增，显然某一个或某几个金融变量不能全面、准确的刻画金融状况，Geweke（1977）提出的动态因子模型（Dynamic Factor Model，DCM）为这一问题的解决提供了可能，Stock和Waston（2006，2011）、Bai和Ng（2008）给出了关于动态因子模型的理论脉络、实证应用与经验研究等详细介绍。近年来，动态因子模型再次为主流学派所重视，尤其经Stock和Waston（1989，1991，2005）、Bernanke等（2005）、Giannone等（2005）、Forni等（2009）的拓展，动态因子模型已然可以成功用于金融计量分析。Hatzius等（2010）构建了包括调查数据在内的高维金融变量指标体系，并基于动态因子模型构建美国金融状况指数，据此分析美国金融状况与实体经济间的关联机制与传导渠道，此后基于动态因子模型构建金融状况指数逐渐被广泛应用，国内易晓溦（2015）、栾惠德和侯晓霞（2015）等也逐渐基于动态因子模型构建中国金融状况指数。

　　仅仅构建出金融状况指数只能分析中国金融状况的渐进走势、粗略地观察中国金融状况的区制特征，为此部分学者通过引入马尔可夫区制转移模型来研究金融状况的区制特征并试图从中得到金融状况的周期行为，但由于传统的马尔可夫区制转移模型需要先验给定区制个数，且一般局限于2-3区制，因此应用过程具有一定的局限性。陈守东等（2009）基于MS-VAR模型通过构建货币危机预警模型、银行危机预警模型和资产泡沫预警模型来揭示未来潜在的金融风险，并根据金融风险的特征将中国的金融运行状况划分为"低度风险"、"中度风险"和"高度风险"三个区制状态。陈守东等（2013）基于多元动态因子模型并结合马尔可夫区制转移模型来刻画中国的金融状况，研究结果表明中国金融系统的内在周期不稳定性最终将中国金融状况划分为"金融稳定"和"金融不稳定"两个区制状态，类似的，Davig 和 Hakkio（2005）通过 MS-VAR 模型将堪萨斯金融状况指数划分为"低压力"和"高压力"两个区制状态。易晓溦等（2014）在此基础上进行突破，不仅基于贝叶斯框架下的高维动态因子模型来构建中国的金融状况指数，并在金融不稳定视角上利用经 Dirichlet 随机过程拓展的非参数贝叶斯框架下无限区制状态的隐含马尔可夫区制（MS-IHMMHDPM）模型来分析金融状况区制特征，不再局限于有限维度的区制转移，结果表明金融状况最终表现出明显的平稳性与稳定性。

对金融状况的计量问题发展已久，但国内众多学者仅仅停留在对金融状况的趋势及区制分析上，且在区制分析方面也仅限于有限维度。本文试图通过贝叶斯框架下的高维动态因子模型构建中国的金融状况指数，依据"峰－峰""谷－谷"的转折点分析方法划分中国的金融周期与景气循环，以期为中国金融系统的风险防范提供可靠的理论依据和现实依据。本文章节安排如下：第一部分引言，阐明选题背景与意义，并对相关领域文献进行述评；第二部分无限状态区制时变动态因子模型构建；第三部分中国金融状况指数的估计分析及走势预测，通过对中国金融状况分析，得到金融状况景气周期循环趋势，在探讨其背后原因及机理基础上对中国金融状况指数进行滚动预测；第四部分结论。

1 无限状态区制时变动态因子模型构建

基于经过非线性扩展的动态因子模型（Stock 和 Watson，1989；1991；2003），并通过 Fox 等（2011）发展的 Skicky HDP-HMM 随机过程将其进一步拓展为无限状态区制时变动态因子模型，模型结构如式（1）~式（4）所示：

$$Y_t = F'x_t + \omega_t, \omega_t \sim N(0, \sigma_\omega^2) \tag{1}$$

$$x_t = \beta_{0,s_t} + \sum_{i=1}^{m} \beta_{i,s_t} x_{t-i} + \varepsilon_t, \varepsilon_t \sim N(0, \sigma_{s_t}^2) \tag{2}$$

$$S_t | \beta_{0,j}, \beta_{1,j} \cdots \beta_{m,j}, \sigma_j^2 \sim Skicky\ HDP\text{-}HMM, j=1,\cdots,\infty \tag{3}$$

其中，Skicky HDP-HMM 为分层 Dirichlet 过程的隐性马尔可夫过程。

$$x_t = \beta_{0,t}^{RTV} + \sum_{i=1}^{m} \beta_{it}^{RTV} x_{t-i} + \varepsilon_t, \varepsilon_t \sim N(0, \sigma_t^{2\ RTV}), t=1,\cdots,T \tag{4}$$

式（1）中 Y_t 表示经济金融变量构成的向量，x_t 为不可观测金融状况指数，其服从如式（2）所示的 AR（m）过程，其中截距项 β_{0,s_t} 与滞后项系数 β_{i,s_t} 服从无限区制状态马尔可夫过程。在式（3）所示的无限状态假设下，结合式（2）得到式（4）所示的 x_t 服从的区制时变过程，参数估计结果以后验均值表示，至此动态因子模型由传统的非线性假设扩展到非线性的无限状态区制时变 AR 过程,以更准确地刻画金融状况的非线性动态转变过程。

2 中国金融状况指数的估计分析及走势预测

2.1 中国金融状况指数的变量构成

金融状况不仅会影响实体经济,而且对宏观经济具有较强的预测能力,二者之间存在着较为复杂的影响关系及非线性传导机制(王妍,2014)。作为货币政策传导机制的重要一环,金融状况自然受到货币政策的深刻影响,尤其金融状况指数是由货币状况指数衍生而来,Goodhart 和 Hofmann(2001)最早提出 FCI 时指标体系仅包含实际有效汇率和股票价格、短期利率、房地产价格四个指标,除涉及宏观经济变量与货币政策变量外,还涉及价格体系变量,如周德才等(2015)通过构建中国灵活动态的金融状况指数来分析其对通货膨胀的预测能力,发现二者高度相关,且房价在其中的权重较大,表明价格体系变量应当包含在 FCI 的构建指标体系中。通过研究 Hatzius 等(2010)多篇国内外文献的 FCI 指标体系构成及中国现状,本文最终选取涉及宏观经济、货币政策和价格体系三方面共 16 个指标变量,变量构成及数据处理如表 1 所示,数据区间为 2000 年 1 月~2015 年 7 月。

表1 指标变量选取及相关处理

变量	变量名称	变量说明	数据频率	平稳性
宏观经济变量	TSF	社会融资规模	月度	I(0)***
	LDR	存贷款比率①	月度	I(1)***
	FER	外汇储备	月度	I(1)***
	SCI	上证综合指数	天	I(0)*
	ZCI	深圳成分指数	天	I(0)*
	PER	沪深300市盈率	天	I(0)***
货币政策变量	M_0	流通中现金	月度	I(1)**
	M_1	狭义货币供给量	月度	I(1)***
	M_2	广义货币供给量	月度	I(1)***
	FBR	外汇占款/基础货币	月度	I(1)***
	NRW	7天银行同业拆借利率	月度	I(0)***
	NRM	1个月银行同业拆借利率	月度	I(0)***
	NRQ	3个月银行同业拆借利率	月度	I(0)***
	REER	人民币实际有效汇率指数	月度	I(1)***

① 存贷款比率 = 金融机构各项贷款余额/金融机构各项存款余额。

续表

变量	变量名称	变量说明	数据频率	平稳性
价格体系变量	HPI	国房景气指数	月度	I(0)**
	ICO	WTI国际原油现货价格	月度	I(0)***

注：(1) 对于只存在日数据的指标，采用当月均值为当月月度数据；(2) 数据均转化为同比增长率进行实证分析，并据此进行平稳性检验；(3) ***、**、* 分别表示在1%、5%、10%的显著性水平下平稳。

2.2 中国金融状况指数的估计

如同改革始终是中国经济近几十年来的主旋律，中国金融体系也始终贯穿改革的基调，并作为中国经济发展的原动力之一，不断地释放改革红利。尽管金融改革成果卓著，但中国金融体系仍存在资源配置效率较低、融资结构扭曲、融资结构失调、系统性风险向银行体系集中等问题，成为中国金融状况的不稳定因素。中国金融状况究竟如何？

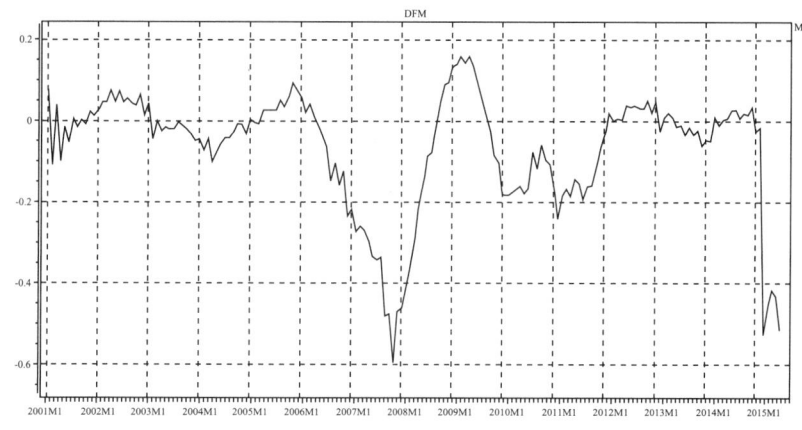

图1　2001年1月~2015年7月FCI走势

从图1给出的FCI走势可见一斑。当FCI>0时，表示金融状况向好，FCI<0时，表示金融状况较差，类比经济周期的"峰-峰"（"谷-谷"）划分法划分金融周期（Borio，2013）可将2001年1月~2015年7月中国的金融周期划分为6个阶段，分别为2002年中旬之前、2002年下半年~2005年年底、2005年年底~2009年年初、2009年年初~2012年年末、2012年年末~2014年年底、2015年以后，其中，2002年下半年~2005年年底、2005年年底~2009年年初、2009年年初~2012年年末、2012年年末~2014年年底为四个完整周期。作为货币政策传导机制的重要一环，这与中国货币的政策周期较为一致。

2.2.1 2002年上半年之前的金融景气周期循环

1992年年初，邓小平"南方谈话"标志着中国改革步入了新的历史机遇期，在党的十四大精神的激励及宽松货币政策的刺激下，中国经济掀起了快速发展的新篇章，截至1993年上半年中国固定资产投资急剧膨胀、金融市场秩序空前混乱，中国经济出现"四热""四高""四紧""一乱"现象①,通货膨胀水平也随之在 1994 年达到峰值,国际收支赤字激增的同时人民币大幅贬值,金融泡沫不断累积,中国金融状况完成了"泡沫积累"的金融景气周期循环第一周期。尽管 1995~1996 年央行施行适度从紧的货币政策以遏制高通货膨胀、平衡国际收支,但 1997 年始于泰国的亚洲金融危机迅速击破亚洲各国经济的繁荣景象,严重冲击了中国的实体经济及金融状况,1998 年中国外贸出口需求急速下滑,人民币面临进一步贬值压力,同时国内需求疲软、经济低迷、就业率下行,加之特大洪水灾害的冲击,中国经济进入通货紧缩时期。为应对国内外严峻形势,央行通过灵活运用货币政策工具稳定汇率水平和币值稳定、扩大国内总需求、刺激实体经济增长,改善中国整体的金融状况,至此中国金融状况逐渐走出"泡沫破灭"的金融景气周期循环第二周期。到 2002 年上半年,在稳健货币政策的背景下,中国金融状况渐进完成"泡沫平复"的金融景气周期循环第三周期。

2.2.2　2002 年下半年~2012 年年底的金融景气周期循环

"泡沫积累"的金融景气周期循环第一周期:2002 年下半年~2005 年年底,央行采取以维持经济平稳增长为核心目的"稳中从紧"货币政策。2003 年上半年,"非典"在全国肆虐,严重制约我国经济发展,同时伊拉克战争爆发导致国际原油价格飙升冲击中国外贸,综合遏制中国经济增长势头的同时恶化了中国金融状况,为保持货币政策的连续性,央行继续采取稳健的货币政策。2003 年下半年,随着随机冲击影响的减弱及负利率水平的加深,中国以房地产和汽车行业为代表的消费结构升级释放了大量的经济活力与动力,推动了我国投资、贸易、信贷等的快速发展,中国金融状况惯性下行势头终于被遏制,如同中国经济迎来了新一轮经济周期的繁荣上升期,中国金融状况也迎来了新一轮金融周期的繁荣上升期。随着经济的高速增长,我国经济发展出现粮食供求失衡、货币信贷投放过量、固定资产投资过热等金融不稳定现象,并伴随着通货膨胀的不断恶化,央行在秉持"渐进式"宏观调控的基调下采取"稳中从紧"货币政策,中国金融状况终触顶反弹,"泡沫积累"第一周期完成。

"泡沫破灭"的金融景气周期循环第二周期:金融危机总是先在某一国家或地区的金融市场出现,而后迅速在各地区、各国家金融市场间交叉传染,最终冲击全球实体经济。早在 2005 年年底,美国次级抵押贷款市场出现陷入困境征兆,中国 FCI 随后开始下行,并随着美国次级抵押贷款市场急剧恶化的步伐以断崖之势急速下行。2007 年,以房价为首、部分原油及肉类短期阶段性的供应短缺所导致的结构性的物价快速上涨(王小广,2007)[图 2(b)],此时美国次贷危机爆发,中国 FCI 跌入深谷,金融状况不容乐观。但在 2008 年年初,为遏制结构性的价格上涨趋势以免最终发展为明显的通货膨胀,央行进一步采取了从紧的货币政策,利率在 2006~2008 年年底多次上浮[图 2(c)],滞后的货币政策调控没有及时预估并把握中国整体金融状况,货币政策从紧

---

① "四热"指开发区热、房地产热、股票热和集资热;"四高"指高货币增长、高物价、高投资和高工业增长;"四紧"指资金紧张、能源紧张、交通紧张和重要原材料紧张;"一乱"指经济尤其金融市场秩序空前混乱。

显然不利于当时金融状况的改善与随之爆发的全球金融危机的应对。好在稳健的财政政策［图 2（c）］在这一时间段有所扩张，在一定程度上减弱了中国金融状况的下行惯性，促使 FCI 于 2007 年年底实现底部 V 形反转。2008 年 9 月，全球金融危机全面爆发，同年发生严重雪灾与汶川地震，综合导致迫切、巨大的货币资金需求，为维持经济平稳增长、控制结构性物价水平的不断上涨，央行采取适度宽松的货币政策，并于 2008 年 11 月推出 4 万亿救市计划，宽松的货币环境与大量流动性的注入在短期内成功稳定了经济增长，并推动中国金融状况迅速走出谷底，并于 2009 年年初中国金融状况恢复至甚至好于金融危机前的水平。但这一举措无疑加剧了我国经济结构失衡，还引发了通货膨胀压力过大、产能严重过剩、流动性泛滥、本币外升内贬等一系列问题，为我国经济发展埋下长期隐患。

"泡沫平复"的金融景气周期循环第三周期：2009 年年底，市场情绪逐渐稳定，4 万亿救市计划的弊端开始显现，中国经济步入"政策消化期"，金融状况开始下行。为此，央行采取以修复、恢复我国经济增长水平并保持经济持续平稳增长的货币政策，始终以促进、维持经济平稳快速发展为宏观调控的重心，也开始引导我国货币政策从反危机状态逐步回归到常态水平。这一过程中，消费及工农业稳步增长，金融经济状况整体朝着调控预期的方向发展。2011 ~ 2012 年间，世界各国经济逐渐复苏，我国经济发展也渐趋平稳［图 2（a）］，对外贸易开始恢复，面对日趋复杂的国际经济形势与日益增大的国内潜在风险，央行货币政策基调由适度宽松转为稳健，并将"稳增长"作为宏观调控重心。

2.2.3 2012 年年末至今的金融景气周期循环

2012 年 9 月以来，央行逐渐放弃了直接通过准备金率、存款利率进行的总调控，而是渐进的采取精细化调控。在 2013 年年初央行推出短期流动性调节工具（SLO）和常备借贷便利（SLF）后，对 SLO、SLF 以及不同期限的调控流动性的公开市场操作工具的搭配使用日渐娴熟，据此对货币政策进行预调微调，充分发挥货币政策具备的逆周期调节作用，达到熨平周期性产出缺口的期望效果，做到"定向宽松、结构优化"。在货币政策的调控基调由适度宽松转为稳健的基本方向下，货币政策工具取而代之的是精耕细作的公开市场操作，在保持货币总量稳定的基础上引导货币资金的流向，更好的助力实体经济的结构调整与产业转型升级。在"新常态"货币政策（管清友，2014；马骏，2014）的调控下，2013 ~ 2014 年间，利率波幅收窄［图 2（c）］，中国金融状况稳定在零线上下小幅波动。2014 年，党中央明确指出中国当前正处于"增长速度换挡期""结构调整阵痛期""前期刺激政策消化期"的"三期叠加"的关键时期，尽管经济增速逐渐由高速增长换挡至中高速增长，尽管面临投资增长后劲不足、融资瓶颈约束凸显、企业经营仍旧艰难等现实问题，但是随着经济结构持续优化、改革红利不断释放、消费热点持续发酵、居民收入较快增长等有利因素的累积效应，中国经济仍出现企业债规模高企、影子银行规模进一步扩大、信贷发展过热等金融问题，中国金融市场再次出现"泡沫积累"，并于 2014 年年底达到峰值，金融景气周期开始新一轮循环第一周期完成,此后迅速进入第二周期"泡沫破灭"。2015年,在财政赤字率上升、出口竞争力降低,尤其是中国债务危机高耸的同时,与之关联紧密的房地产市场大不如前,经济下行压力不断加大,中国经济金融改革形势严峻。政府开始让步,严苛的宏观调控政策开始松动以期修复市场预期并最终修复经济系统预期。就股市来看,中国政府效仿美国次贷危机后的经济发展模式与宏观调控政策,期望通过刺激股市的发展与虚拟经济的繁荣解决货币量过量投放的历史问题、推动金融经济体制改革,并通过慢牛解决实体企业的融资问题,但2015年上半年的股市暴跌[图2(d)]出乎90%以上金融市场参与者的意料,下跌速度之快、下跌之势之猛堪比亚洲金融危机期间索罗斯打击东南亚国家的交易手法,这一市场极端情况的出现完全是由于泡沫本身造成的,不仅仅是上一轮泡沫积累周期所形成的累积,更有之前未被完全消化的隐藏泡沫,由于配对子市场的杀伤力是巨大的,加之应对技术的缺失,终于被市场投机者发现了打击的漏洞与做空的机遇,至此中国金融状况开启了"泡沫破灭"的金融景气周期循环,第二周期并深陷于此,程度接近全球金融危机期间的金融状况,在一波波救市措施的作用下,金融状况下行惯性得到遏制,并震荡趋稳持续时间长于金融海啸期间。

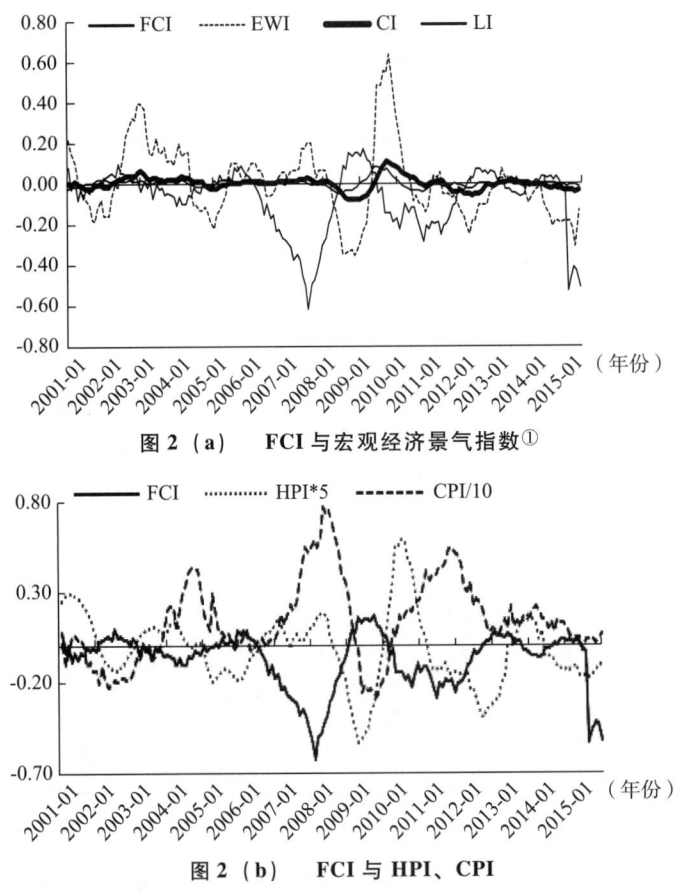

图2(a)　FCI与宏观经济景气指数①

图2(b)　FCI与HPI、CPI

---

① 宏观景气指数EWI表示预警指数、LI表示先行指数、CI表示一致指数。

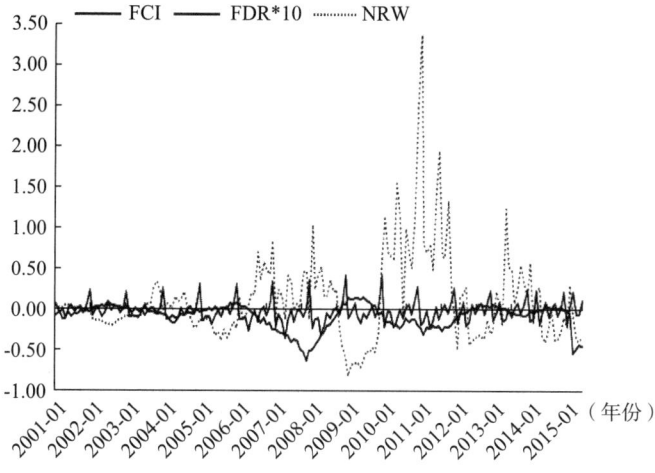

图2（c） FCI 与财政赤字率①、NRW

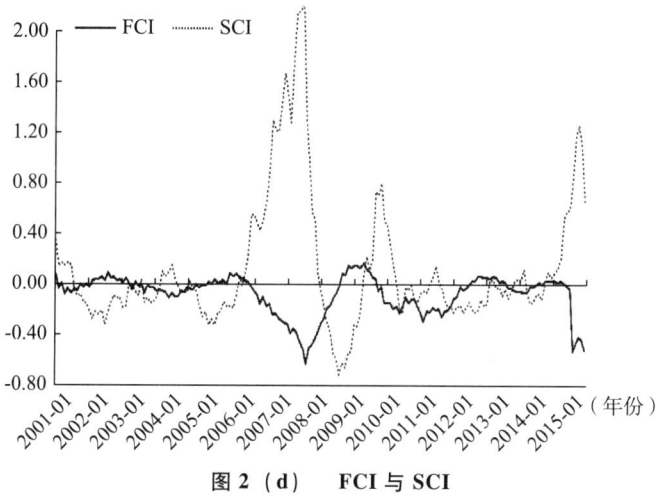

图2（d） FCI 与 SCI

2.2.4 FCI 与经济金融变量的领先滞后关系分析

值得注意的是，FCI 作为实体经济的先行指标，尽管由宏观经济变量、货币政策变量及价格体系变量合成，但是仍先行于各个指标变量：与宏观经济景气指数趋势比较 ［图 2（a）］发现，FCI 趋势变化与之渐进一致，同时先行于 EWI、LI、CI，即 FCI 先行于宏观经济变量；类似的，与 HPI 及 CPI 趋势比较 ［图 2（b）］发现，FCI 与二者趋势渐进变化一致性更加明显，尤其是 CPI，先行性更加明晰，即 FCI 先行于价格体系变量；以 NRW 作为货币政策工具变量、FDR 作为财政政策工具变量，对比其与 FCI 趋势 ［图 2（c）］发现 NRW 趋势变化落后于 FCI 且波幅更为剧烈，表明中国的货币政策在

---

① 财政赤字率 FDR = 财政赤字/GDP × 100% =（财政支出 − 财政收入）/GDP × 100%，欧盟财政赤字率安全警戒线为 3%，当 FDR > 0 表示积极的财政政策（非李嘉图式的），反之表示消极的财政政策（李嘉图式的），此时政府致力于债务可持续性，即政府的债务路径是收敛的。

对金融状况的调控过程中滞后效应明显，在全球金融危机期间更为明显，财政政策在样本期内大部分时间区间均围绕FCI上下波动，一定程度上起到了熨平FCI波动的作用，尤其全球金融危机期间在货币政策滞后的情形下积极的财政政策及时有效地遏制了金融状况的下行惯性，因此，中国在保持、优化现有财政政策的基础上进一步疏通货币政策对金融状况的传导渠道与金融状况对货币政策的响应机制，能够改善货币政策的滞后性，提高货币政策的有效性。特别的，与SCI趋势变化进行比较[图2（d）]发现FCI的确是其先行指标，耐人寻味的是股市高涨时期金融状况之前并没有很好，但股市大幅下跌时期金融状况之前便急转直下，存在非对称的先行机制，如2014年年底FCI疲软上行、2015年年初FCI断崖式下行，尽管2014年年底股市高涨，很快便也出现断崖式下行，因此金融状况恶化时，证监会应当引起重视，避免此类危机的再次发生。注意到，2015年FCI的断崖式下行并震荡筑底，尽管多数宏观经济变量还未出现类似情形，但FCI对实体经济的"晴雨表"式先行预测能力还是应当引起监管部门的重视，未雨绸缪，避免中国经济出现通货紧缩甚至通货紧缩与通货膨胀并存的两难境地，助力中国金融经济平稳渡过"三期叠加"的艰难时期，实现经济软着陆。

2.3 中国金融状况指数预测

2015年，财政赤字率上升、出口竞争力不再，尤其中国债务危机高耸的同时，与之关联紧密的房地产市场大不如前，经济下行压力不断加大，中国经济金融改革形势严峻。据此预计2015年很可能成为中国整体金融状况最差、最艰难的一年，也是"走出困局"至关重要的改革关键年，中国经济正在"逼近最坏，走向光明"。本文期望通过预测的FCI评估2015年下半年的金融状况整体态势。利用向前滤波与向后抽样算法的Gibbs算法（Chib，1996）、以MCMC模拟方法延续无限状态马尔可夫过程，利用RTV-DFM模型实现对FCI向后K期的滚动预测，结果取后验均值

$$FCI_{T+j} = \beta_{0,s_t} + \sum_{i=1}^{m} \beta_i FCI_{T+j-i} + \varepsilon_t, \varepsilon_t \sim N(0, \sigma_{s_t}^2), j = 1, \cdots, K \quad (5)$$

其中，$\beta_k | \sigma_k^2 \sim N(b_0, \sigma_k^2 B_0)$，$\sigma_k^2 \sim Inv\text{-}Gamma\left(\dfrac{c_0}{2}, \dfrac{d_0}{2}\right)$

为保持连贯性与一致性，指标变量（见表1）保持不变，样本区间为2001年1月~2015年2月，滞后阶数取6，实现对FCI向后10期的预测[图3（b）]，并以预测值延续图1的FCI得到图3（a）发现，中国金融状况尽管仍处于低位但在反复震荡筑底、蓄势之后开始渐进式反弹，8月后将开始新一轮反复震荡筑底、蓄势反弹，在中国政策当局的渐进式、精细化宏观调控的微刺激下，中国将渐进式地"走出最坏，逼近光明"。

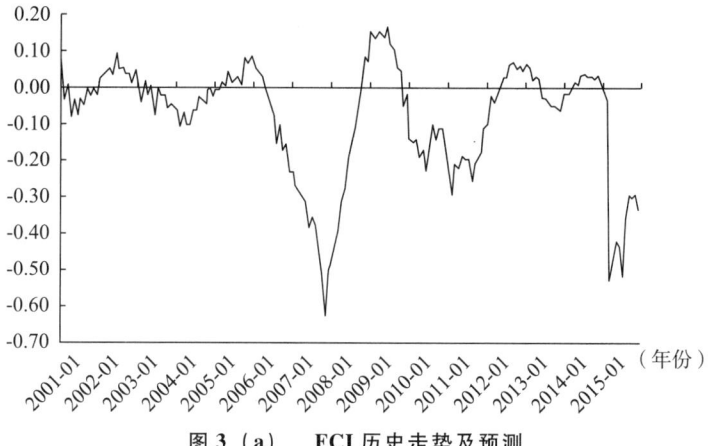

图 3（a） FCI 历史走势及预测

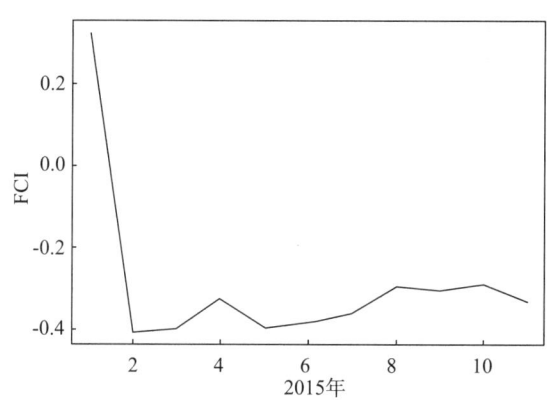

图 3（b） FCI 的向后 10 期预测

3 结论

  在美联储加息在即、美国经济回暖、美元升值抽走全流动性的同时，中国正处于"三期叠加"的改革关键时期，债务危机、房地产危机对经济下行造成了前所未有的压力，2015 年中国股市"千股跌停"频现，不禁让人对中国当前的金融状况表示担忧。在这样的现实背景下，本文基于 RTV-DFM 合成的 FCI 分析中国的金融状况，通过分析中国的金融周期与景气循环特征来把握中国金融的基本状况，并在此基础上进行预测。研究发现以下几个问题。

  首先，本文合成的 FCI 很好地刻画了中国的金融状况，中国金融周期与货币政策周期高度一致，根据"峰-峰"的周期划分方法，将三个金融周期（"泡沫积累""泡沫破灭""泡沫平复"）称作一个金融景气周期循环，据此中国金融状况现已经历了两个完整的金融景气周期循环，并处于第三个金融景气周期循环的"泡沫破灭"阶段。

  其次，FCI 可作为金融经济变量的先行指标：尽管由宏观经济变量、货币政策变量及价格体系变量合成，但是仍先行于各个指标变量，FCI 是金融状况与实体经济运行的

"晴雨表"。

最后,预测显示,在中国政策当局的渐进式、精细化宏观调控的微刺激下,中国金融状况将渐进式"走出最坏,逼近光明"。

参考文献

陈守东,马辉,穆春舟. 2009. 中国金融风险预警的 MS—VAR 模型与区制状态研究. 吉林大学社会科学学报,49(1):110-119.

陈守东,王妍,唐亚晖. 2013. 我国金融不稳定性及其对宏观经济非对称影响分析. 国际金融研究,(6):56-66.

封北麟,王贵民. 2006. 货币政策与金融形势指数 FCI:基于 VAR 的实证分析. 数量经济技术经济研究,(11):142-150.

管清友. 2014. 货币政策新常态:总量稳定,结构优化. 股市动态分析,(22):24-26.

栾惠德,侯晓霞. 2015. 中国实时金融状况指数的构建. 数量经济技术经济研究,(4):009.

王彬. 2009. 金融形势指数与货币政策——基于中国数据的实证研究. 当代经济科学,(4):20-27.

王小广. 2007. 近期物价上涨幅度较大的原因分析. 宏观经济管理,(10):10-11.

王妍. 2014. 中国金融不稳定的计量研究. 吉林大学.

易晓溦,陈守东,刘洋. 2014. 中国金融状况指数构建及货币市场稳定性研究. 上海经济研究,(8):001.

易晓溦. 2015. 基于 TVP-VAR 扩展模型的货币政策动态计量研究. 吉林大学.

周德才,冯婷,邓姝妹. 2015. 我国灵活动态金融状况指数构建与应用研究——基于 MI-TVP-SV-VAR 模型的经验分析. 数量经济技术经济研究,(5):008.

Bai J., Ng S.. 2008. Large Dimensional Factor Analysis. Now Publishers Inc.

Bernanke B. S., Boivin J., Eliasz P.. 2005. Measuring the Effects of Monetary Policy:A Factor-augmented Vector Autoregressive (FAVAR) Approach. *Quarterly Journal of Economic*, 120:387-422.

BORIO C.. 2013. Towards A Macroprudential Framework for Financial Supervision and Regulation? BIS Working Papers 128, febrero.

Burns A. F., Mitchell W. C. 1946. Measuring Business Cycles. NBER Books.

Chib S.. 1996. Calculating Posterior Distributions and Modal Estimates in Markov Mixture Models. *Journal of Econometrics*, 75(1):79-97.

Davig T., Hakkio C.. 2010. What Is the Effect of Financial Stress on Economic Activity? Federal Reserve Bank of Kansas City, *Economic Review*, 95(2):35-62.

Forni M., Giannone D., Lippi M., et al. 2009. Opening the Black Box:Structural Factor Models with Large Cross Sections. *Econometric Theory*, 25(5):1319-1347.

Fox, E., Sudderth, E., Jordan, M. and Willsky, A. 2011. A Sticky HDP-HMM with Application to Speaker Diarization. *Annals of Applied Statistics*, 5:1020-1056.

Geweke J.. 1977. The Dynamic Factor Analysis of Economic Time// Series. in Aigner and Goldberger, *Latent Variables in Socio-Economic Models*.

Giannone D., Reichlin L., Sala L.. 2005. Monetary Policy in Real Time//*NBER Macroeconomics Annual 2004*, Volume 19. MIT Press:161-224.

Goodhart C., Hofmann B.. 2011. Asset Prices, Financial Conditions, and the Transmission of Monetary Policy //conference on Asset Prices, Exchange Rates, and Monetary Policy, Stanford University: 2 – 3.

Hatzius J., Hooper P., Mishkin F. S., et al. 2010. Financial Conditions Indexes: A Fresh Look after the Financial Crisis. National Bureau of Economic Research.

Holz M.. 2005. A Financial Conditions Index as Indicator for Monetary Policy in Times of Low, Stable Inflation and High Financial Market Volatility//The 9th Workshop of Macroeconomics and Macroeconomic Policies.

Lack C. P.. 2003. A Financial Conditions Index for Switzerland. Monetary Policy in A Changing Environment. Bank for International Settlements, 19: 398 – 413.

Premsingh M.. 2010. Financial Conditions Index for India. Available at SSRN 1527397.

Stock, J. H., and M. W. Watson. 1989. New Indexes of Coincident and Leading Economic Indicators. NBER Macroeconomics Annual: 351 – 393.

Stock, J. H., & Watson, M. W., In K. Lahiri & G. H. Moore (Eds.). 1991. *A Probability Model of the Coincident Economic Indicators in Leading Economic Indicators: New Approaches and Forecasting Records.* NJ: Cambridge University Press: 63 – 89.

Stock, J. H., and M. W. Watson. 2003. Understanding Changes in International Business Cycle Dynamics. NBER Working Paper No. 9859.

Stock J. H., Watson M. W. 2005. Implications of Dynamic Factor Models for VAR Analysis. National Bureau of Economic Research.

Stock J. H., Watson M. W. 2006. Forecasting with Many Predictors. *Handbook of economic forecasting*, 1: 515 – 554.

Stock J. H., Watson M. W. 2011. Dynamic Factor Models. Oxford Handbook of Economic Forecasting, 1: 35 – 59.

Swiston A.. 2008. A US Financial Conditions Index: Putting Credit Where Credit is Due. International Monetary Fund.

Wold H.. 1938. A Study in the Analysis of Stationary Time Series.

人口年龄结构与居民消费

——基于中国 2005～2014 年省际面板数据的实证研究

赵国庆　姚青松

(中国人民大学经济学院，北京，100872)

摘要：基于年龄结构对居民消费的影响，本文通过对于居民消费的分解与加权汇总，构建出包含社会抚养比与人均可支配收入的省际居民人均消费函数，并利用我国 2005～2014 年的省际面板数据对该函数进行了实证分析。结果表明，在一定的收入水平下，我国老年人口的消费倾向最高，成年人口居中，少儿人口最低；少儿人口和老年人口的消费倾向随着收入的增加而降低，成年人口的消费倾向随着收入的增加而提高；少儿抚养比的上升将降低居民人均消费倾向，而老年抚养比的上升将提高居民人均消费倾向。

关键词：年龄结构　抚养比　人均消费

Age Structure and Household Consumption: Evidence from China's Provincial Panel Data

Abstract: To study the impacts of age distribution on household consumption, this paper develops a provincial household per capita consumption function based on social dependency ratio and household per capita disposable income through the decomposition and weighed aggregation of household consumption, which is then estimated using China's provincial panel data from 2005 to 2014. The result indicates that under certain range of disposable income, the elderly and the children have the highest and lowest propensity to consume respectively, while the propensity of the adults falls in between. With the increase of disposable income, the propensity to consume of the children and the elderly gets lower while that of the adults behaves in an opposite way. Empirically, the increase of children's and elderly dependency ratio separately decreases and increases the household per capita propensity to consume.

Key Words: Age Structure　Dependency Ratio　Per Capita Consumption

引 言

一直以来，消费对于一国经济发展具有重要的意义，是整个社会扩大再生产的重要环节。虽然改革开放以来我国 GDP 总量迅速增长，但是我国居民消费率在世界范围内仍处于较低水平。近年来，我国经济增速不断放缓，调整产业结构、扩大国内需求成为促进经济发展的一个亟待解决的问题，提升居民消费率也得到了广泛的关注。一般来说，居民消费极易受到外界环境的影响，包括居民人均财富状况、对未来的预期、经济增长速度、通货膨胀率，以及政府政策行为在内的多种因素都将影响民众的消费行为。在 20 世纪 90 年代末期对于人口红利的研究中，人口年龄结构对于一国消费和储蓄的影响再一次得到了大量学者的重视。伴随我国人口老龄化的不断加剧以及二胎政策的全面放开，我国人口年龄结构将在未来一段时间内发生较大的变化，而年龄结构变化将如何影响我国的居民消费则是需要研究与回答的一个重要问题。

一般认为，Modigliani 的生命周期假说较为详尽地阐释了年龄结构对于一国消费水平的影响。生命周期假说（Modigliani and Brumberg, 1954; Ando and Modigliani, 1963）认为，处于人生不同年龄段的人群在消费行为上存在差异：年轻人通过举债进行消费，中年人口会进行储蓄以满足未来的消费，而老年人口使用自己年轻时的储蓄进行消费。基于这样的差异性，生命周期理论认为人口因素对于一国的消费水平和储蓄率具有重要影响；随着人口年龄结构的不断变化，一国的消费率和储蓄率都将出现显著的变化。上述理论被提出后，大量学者对年龄结构和消费、储蓄的关系进行了实证分析。部分学者利用各国的时间序列数据进行了实证检验。Erlandsen 和 Nymoen（2008）利用挪威 1968~2004 年季度时间序列数据对消费和年龄结构之间的关系进行了检验，检验结果表明年龄结构对于消费的影响无论在数值上还是在统计上都是显著的，随着中年人口占总人口比重的提高，社会总消费量将下降；Attfield 和 Cannon（2003）在允许结构变化的基础上，利用向量误差修正模型对英国 1856~1996 年的年度时间序列数据进行检验，也得到支持生命周期假说的结论；王金营、付秀彬（2006）引入标准消费人概念，利用我国 1978~2003 年的年度时间序列数据分析说明老龄化将降低未来的消费水平和消费比率；王欢和黄健元（2015）利用我国 1987~2011 年的年度时间序列数据分析表明，城乡居民消费率与少儿抚养比之间具有显著正相关关系，而老年抚养比对城乡居民消费的影响不显著。由于时间序列数据的样本容量通常较小，模型回归结果同真实值的偏差可能较大，因此不少研究使用了面板数据，包括跨国时间序列及省际面板数据。Higgins 和 Williamson（1997）利用跨国时间序列数据分析得出年龄结构对于亚洲各国的储蓄率和投资率有着显著的影响；Loayza 等（2000）利用 GMM 估计法对跨国时间序列数据进行研究，研究结果表明少儿抚养比和老年抚养比的提高将会降低社会私人储蓄率；Modiglinai 和 Cao（2004）对跨过时间序列数据分析后认为，中国的高储蓄率源于高收入增长率及低人口抚养比，而储蓄率与抚养比呈显著的负相关关系；Horioka 和 Wan（2007）分析了我国 1995~2004 年的省际面板数据，结果表明我国居民储蓄率将在未来一段时间内保持较高的水平；李文星等（2008）利用我国 1989~2004 年的省际面板数据考察了年龄结构变化对居民消费的影响，结果表明少儿抚养比同居民消费呈负相关关系，老年抚养比对居民消费的影响不显著；付波航等（2013）利用我国 1989~2010 年的省际面板数据得到，少儿抚养比的下降降低了我国居民消费率，人口老龄化的加速也阻碍了我国居民消费率的提升；毛中根等（2013）利用我国 1996~2010 年的省际面板数据分析了城乡与地区间的老龄化对我国居民人均消费的影响，认为老年抚养比的提升是居民消费降低的一个重要原因。也有部分学者从结构性的角度探讨了年龄结构对于居民人均消费水平的影响，如 Weil（1999）、Hock 和 Weil（2006）通过世代交叠模型构建了社会抚养比之间的动态关系，并给出了在一定社会状态下最大化居民消费率的人口年龄结构；王芳（2013）也从直接和间接两个角度针对人口抚养比对居民消费的影响路径进行了分析。

显然，由于实证方法和数据的差异，上述各类实证分析并未得到一致的结果。从实证方法的角度来看，现有的研究主要存在以下几个问题。

第一，几乎所有的面板数据分析都采用了动态面板的 GMM 估计法，将消费的滞后项作为解释变量纳入回归模型之中。虽然消费具有稳定性，即当期消费容易受到前期消费的影响，但是该稳定性实质上来源于消费决定因素的稳定性，尤其是人均可支配收入跨期内的稳定性。因此当回归方程中包含了可支配收入及其他关键解释变量后，模型自身已经保证了消费的稳定性，可能并不需要加入消费的前期滞后项；相反，当消费滞后项被加入模型中后，滞后项和当期解释变量的效应之间可能出现叠加，进而导致回归结果的偏倚。

第二，在面板数据分析中，个体之间极有可能出现固定效应。由于经济环境、人文环境等的不同，各省份居民的消费特征呈现出较强的地区差异性，其中固定消费水平和边际消费倾向的差异尤为明显，因此简单地使用固定效应模型或随机效应模型并不能够解决上述问题。

第三，在实证分析过程中，简约模型被广泛地采用，所有解释变量均以线性或对数线性的形式进入模型之中。这样的处理有利于简化模型的分析，但忽略了人口年龄结构变化对居民消费的非线性影响，容易导致估计结果的扭曲。

本文将尝试弥补上述不足。本文将构建基于社会抚养比及居民人均可支配收入的省际人均消费函数，该消费函数没有纳入消费的滞后项，并体现了各个变量之间的交互作用。更为重要的是，该消费函数将各省份居民的消费差异内生化，较好地解决了模型固定效应的问题。本文结构安排如下：第一部分为省际居民人均消费函数的构建过程，主要构建了省际居民人均消费函数，并讨论了模型的性质及相关约束条件；第二部分为实证结果分析，利用我国 2005~2014 年的省际面板数据对所构建模型进行实证分析；第三部分讨论年龄结构变化对于我国居民人均消费水平的影响；第四部分为本文的结论。

1 省际居民人均消费函数的构建

1.1 省际居民人均消费函数的构建

由于不同年龄段的消费行为存在差异，因此当某地区的年龄结构发生变化时，该地区的居民总消费水平和人均消费水平均将发生改变。省际居民人均消费函数应体现该影响效应。假设某地区人口被分为 n 个年龄段，并记 C 为地区居民总消费，c 为人均消费，L 为总人口；第 i 个年龄段消费为 C_i，人均消费为 c_i，人口为 L_i，该年龄段人口占总人口的比重为 w_i。由于 $C = \sum_{i=1}^{n} C_i$、$c = \sum_{i=1}^{n} C_i / L$、$L_i = w_i L$，不难得到：

$$c = \sum_{i=1}^{n} w_i c_i \tag{1}$$

从式（1）可以发现，居民总人均消费是各个年龄段居民人均消费的加权平均，其权重为各个年龄段人口数量占总人口量的比重。这说明某一年龄段人口数量占总人口量的比重越大，该年龄段的消费水平对居民总人均消费水平的影响就越大；而拥有较高消费能力的年龄段的人口比重上升将带来居民人均消费水平的提高。

根据消费理论，消费是可支配收入的函数，其最基本的形式为 $C = s_1 + s_2 Y$，其中 Y 为可支配收入，s_1 为固定消费水平，s_2 为边际消费倾向。人均可支配收入反映了某一地区的人均收入水平，是该地区居民财富拥有量的一个较好的衡量指标。当人均可支配收入提高时，各个年龄段的人均消费水平将会提高；反之则会下降。因此可以认为各年龄段居民人均消费水平是该地区人均可支配收入水平的函数。然而，由于消费习惯和消费能力的差异，固定消费水平和边际消费倾向在各年龄段之间存在着较为显著的差异，因此我们可以将各个年龄段的人均消费水平表示为：

$$c_i = a_i + b_i y \tag{2}$$

其中 y 为地区人均可支配收入，a_i、b_i 分别是第 i 个年龄段的固定消费水平和边际消费倾向，由该年龄段的消费特征所决定。将（2）式代入（1）式中，我们可以得到：

$$c = \sum_{i=1}^{n} w_i a_i + \left(\sum_{i=1}^{n} w_i b_i \right) y \tag{3}$$

上述即是包含年龄结构和人均可支配收入的居民人均消费函数。其中 $\sum_{i=1}^{n} w_i a_i$ 和 $\sum_{i=1}^{n} w_i b_i$ 是对于居民人均固定消费水平和边际消费倾向在各个年龄段之间的分解，其含义与式（1）相同。另外，在式（3）中我们没有纳入人均消费水平的滞后项。虽然在一段时期内，消费具有较强的惯性与稳定性，但是该惯性与稳定性实质上来源于消费决定因素的稳定性，尤其是人均可支配收入的稳定性。在一段时期内，若某地区的人均可支配收入水平处于稳定增长状态,那么每一期的居民消费水平也将稳步增长;倘若在某一时期居民人均收入出现较大幅度的下降,这必然会约束居民的消费能力,使得居民人均消费立即出现大幅度的下降,从而消费将失去惯性。因此,式(3)实质上涵盖了消费的惯性,这与 Hall(1978)的思想具有一定的相似性。Hall 指出,对理性消费者来说,前后期的消费差异不能由任何可预测的因素进行解释,因此当期消费是上一期消费的一个随机游走,至多包含一个常系数。那么假设消费水平可以被表示为一系列当期解释变量的函数,不难得到下述结论:如果随机游走过程中的冲击与解释变量的波动无关,那么消费滞后项进入方程也不能解释此波动;而如果冲击与解释变量相关,那么该冲击能够被解释变量的跨期波动解释。这表明不需要在消费函数中加入消费变量的滞后项。

现在考虑社会总人口被划分为少儿人口、成年人口和老年人口三个年龄段时的情况。本文采用社会抚养比而非三个年龄段的人口比重来体现年龄结构的变化,这是因为当一个年龄段人口比重发生变化时,其余年龄段的人口比重也必然会发生相应变化。相较于简单的人口比重,社会抚养比作为少儿人口、老年人口同成年人口比重的比值,可以更好地反映各年龄段人口比重之间的相对变化趋势及各个年龄段之间的交互关系。设总人口、少儿人口、成年人口、老年人口数分别为 L、L_1、L_2、L_3,则有:

$$L = L_1 + L_2 + L_3 \tag{4}$$

若记少儿抚养比为 u,老年抚养比为 v,少儿人口、成年人口、老年人口占总人口的比重分别为 w_1、w_2、w_3,那么不难得到:

$$w_1 = \frac{u}{1+u+v}, w_2 = \frac{1}{1+u+v}, w_3 = \frac{v}{1+u+v} \tag{5}$$

将式(5)代入式(3)之中,得到基于社会抚养比的居民人均消费函数:

$$c(u,v,y) = \frac{u(a_1 + b_1 y) + (a_2 + b_2 y) + v(a_3 + b_3 y)}{1+u+v} \tag{6}$$

进一步在居民人均消费函数中引入省份下标 j 和时间下标 t。不同的省份由于经济、文化及自然环境的不同,各省份居民的消费行为存在着巨大的差异,这可以通过各省份人均固定消费水平和边际消费倾向的差异体现。因此,若记 j 省第 i 个年龄段的固定消费水平和边际消费倾向为 a_{ji}、b_{ji}(其中 $i=1$、2、3,分别代表少儿人口、成年人口和老年人口),j 省在 t 期的居民人均消费、人均可支配收入、少儿抚养比和老年抚养比分别为 c_{jt}、y_{jt}、u_{jt}、v_{jt},则 j 省在 t 期的居民人均消费水平为:

$$c_{jt} = \frac{u_{jt}(a_{j1} + b_{j1} y_{jt}) + (a_{j2} + b_{j2} y_{jt}) + v_{jt}(a_{j3} + b_{j3} y_{jt})}{1+u_{jt}+v_{jt}} \tag{7}$$

现在考虑省际居民消费行为差异的内生化。一般来说,固定消费水平同人均收入水平呈正相关关系。虽然基本生活需求具有一定的相似性,但是一省的人均收入水平越高,其居民的生活水平与质量就越高,消费层次也越高,固定消费水平也相应更高。

相对而言，由于不同人群的消费状态不同，边际消费倾向同人均收入水平的关系则更为复杂。当某一群体消费状态趋于饱和时，该群体消费的增加速度要慢于可支配收入的增加速度，其边际消费倾向将随着可支配收入的增加而降低；相反，当某一群体消费处于非饱和状态时，其消费的增加速度要快于可支配收入的增加速度，边际消费倾向将随着可支配收入的增加而提高。因此，可以认为一省的人均固定消费水平和边际消费倾向将随着时期 t 发生变化，且是该省居民人均可支配收入的函数，其中前者是居民人均可支配收入的增函数，而后者的增减性不定，由消费状态决定。进一步假设对 a_{ji} 年龄段来说，其固定消费水平 a_{ji} 和边际消费倾向 b_{ji} 的省际差异仅来源于人均可支配收入的不同，且关系是线性的，那么可以作下列简化：

$$a_{ji} = a_i + \lambda_i y_{jt} \tag{8}$$

$$b_{ji} = b_i + \mu_i y_{jt} \tag{9}$$

其中，a_i、b_i、λ_i 为非负常数，μ_i 的符号不定，均由年龄段 i 的消费特征决定。a_i 为 i 年龄段固定消费中不受可支配收入影响的部分，为各年龄段满足基本生活需求所需的消费水平；$\lambda_i y_{jt}$ 体现了由各省份经济发展程度的差异所带来的消费层次的差异性。b_i 为 i 年龄段边际消费倾向中不随可支配收入变化的部分，称为固定倾向，当可支配收入处于较低水平时，可支配收入每增加 1 单位，消费约增加 b_i 单位；$\mu_i y_{jt}$ 为消费倾向的可变部分，反映了可支配收入对 i 年龄段边际消费倾向的影响。对于年龄段 i，a_i 和 b_i 越大，则该年龄段消费的刚性就越强；λ_i 和 μ_i 的绝对值越小，则消费倾向的稳定性越强，消费倾向越不容易发生变化；当 $\mu_i > 0$ 时，该年龄段消费处于非饱和状态，而当 $\mu_i < 0$ 时，该年龄段消费趋于饱和。将式（8）、式（9）代入式（7）中，最终得到了基于抚养比和人均可支配收入的省际人均消费函数：

$$c_{jt} = \frac{u_{jt}[a_1 + \lambda_1 y_{jt} + (b_1 + \mu_1 y_{jt})y_{jt}]}{1 + u_{jt} + v_{jt}} + \frac{[a_2 + \lambda_2 y_{jt} + (b_2 + \mu_2 y_{jt})y_{jt}]}{1 + u_{jt} + v_{jt}}$$
$$+ \frac{v_{jt}[a_3 + \lambda_3 y_{jt} + (b_3 + \mu_3 y_{jt})y_{jt}]}{1 + u_{jt} + v_{jt}} \tag{10}$$

1.2 误差项假定及模型约束

由于在现实经济的运行过程中，大量随机经济事件都有可能对居民消费造成一定的影响与冲击，而这些经济事件本身不能被消费函数中的可支配收入和年龄结构刻画，因此需要向式（10）中加入随机误差项以描述这种不确定性。在省际居民人均消费函数中，随机冲击来源于三个层面：第一个层面是全国范围内的随机冲击，这种随机冲击在某一时期内将对全国范围内的人均消费产生影响，例如，经济危机过后，全国范围内的居民消费都会呈现出一定程度的萎缩，记此类随机冲击为 ε_t，它只与时期 t 有关，而与省和年龄段无关；第二个层面是省域范围内的随机冲击，这种随机冲击的影响主要集中于部分省市，而非全国范围，记此类冲击为 ξ_{jt}，它只与省份 j 与时期 t 有关，与其他变量无关；第三个层面是年龄段层面的随机冲击，这种随机冲击源于经济事件对于各个年龄段消费水平的冲击，例如，某一年儿童流行病的暴发会导致家庭在儿童医疗保健上的支出增加，从而导致少儿人口人均消费支出的增加，此类冲击我们记为 $\delta_{ji,t}$，它与省份 j、年龄段 i 与时期 t 均是相关的。假设人均可支配收入、社会抚养比均为外生变量，与误差项不存在相关性，并假设 $\varepsilon_t \sim N(0, \sigma^2_{\varepsilon,t})$、$\xi_{jt} \sim N(0, \sigma^2_{\xi_j,t})$ 及 $\delta_{ji,t} \sim N(0, \sigma^2_{\delta_{ji},t})$，其中方差 $\sigma^2_{\varepsilon,t}$、$\sigma^2_{\xi_j,t}$ 及 $\sigma^2_{\delta_{ji},t}$ 均随着 t 变化。根据消费理论，消费的波动性将随着可支配收入的增加而不断增加，因此可支配收入的变化是上述方差变化的一个重要来源。由于各类经济冲击具有偶然性与不确定性，且在长期来看是相对稳定的，故可以假设 $\sigma^2_{\varepsilon,t}$、$\sigma^2_{\xi_j,t}$ 及 $\sigma^2_{\delta_{ji},t}$ 的变化来源于可支配收入 y_{jt} 的变化。

进一步讨论随机冲击进入模型的方式。由于全国层面和省际层面的随机冲击将对省内每一个消费者产生影响，因此 ε_t 与 ξ_{jt} 将直接对 j 省在 t 期的居民人均消费产生影响；而年龄段层面的随机冲击通过对不同年龄段人均消费水平产生影响，并最终影响居民总消费水平，因此可以将式（10）调整为：

$$c_{jt} = \frac{u_{jt}[a_1 + \lambda_1 y_{jt} + (b_1 + \mu_1 y_{jt}) y_{jt}]}{1 + u_{jt} + v_{jt}} + \frac{[a_2 + \lambda_2 y_{jt} + (b_2 + \mu_2 y_{jt}) y_{jt}]}{1 + u_{jt} + v_{jt}}$$
$$+ \frac{v_{jt}[a_3 + \lambda_3 y_{jt} + (b_3 + \mu_3 y_{jt}) y_{jt}]}{1 + u_{jt} + v_{jt}} + \theta_{jt} \tag{11}$$

其中 $\theta_{jt} = \frac{u_{jt}\delta_{j1,t} + \delta_{j2,t} + v_{jt}\delta_{j3,t}}{1 + u_{jt} + v_{jt}} + \xi_{jt} + \varepsilon_t$。显然，三个层面的随机冲击之间可能存在重叠的部分，但是可以对其进行一定的调整，将三个年龄段共有的冲击划入省际或全国层面，将各省份共有的冲击划入全国层面，调整过后的随机冲击 ε_t、ξ_{jt}、$\delta_{ji,t}$ 彼此之间将不存在相关性，因此有：

$$\mathrm{var}(\theta_{jt}) = \frac{u_{jt}^2 \sigma^2_{\delta_{j1},t} + \sigma^2_{\delta_{j2},t} + v_{jt}^2 \sigma^2_{\delta_{j3},t}}{(1 + u_{jt} + v_{jt})^2} + \sigma^2_{\xi_j,t} + \sigma^2_{\varepsilon,t} \tag{12}$$

故省际居民人均消费函数存在异方差的可能性，且方差是 y_{jt}、u_{jt}^2、v_{jt}^2 及 $1/(1 + u_{jt} + v_{jt})^2$ 的函数。后文的实证分析将根据式（12）的结果利用 Breusch-Pagan 方法对回归方程异方差的存在性进行检验。

除了误差项的假定以外，还需要对省际居民人均消费函数做出另一个限制。虽然在某一个时间点 t 上，各个省的居民固定消费水平非负且存在差异，但就长期而言，各个省的居民人均消费函数将通过原点，即在可支配收入为 0 的情况下，其人均消费也将为 0，即 $a_i = \lambda_i = 0$，$i = 1, 2, 3$。因此，在面板数据的分析中，将省际居民人均消费函数约束为下列形式：

$$c_{jt} = \frac{(b_1 + \mu_1 y_{jt}) u_{jt} y_{jt}}{1 + u_{jt} + v_{jt}} + \frac{(b_2 + \mu_2 y_{jt}) y_{jt}}{1 + u_{jt} + v_{jt}} + \frac{(b_3 + \mu_3 y_{jt}) v_{jt} y_{jt}}{1 + u_{jt} + v_{jt}} + \theta_{jt} \tag{13}$$

2 实证结果分析

2.1 数据的来源与处理

基于模型结构的稳定性及数据的可获得性，本文使用的数据为我国 2005~2014 年的省际面板数据。其中各省份历年少儿抚养比和老年抚养比来源于《中国统计年鉴》。从 2013 年开始，国家统计局开展了城乡一体化住户收支与生活状况调查，得到了居民人均消费水平和居民人均可支配收入，与 2013 年之前分城镇和农村住户调查的调查范围、调查方法均有所不同。因此，2013 年和 2014 年各省份居民人均消费水平和可支配收入以统计年鉴中全国居民分地区人均消费水平和可支配收入为准。为得到 2005~2012 年间各省份居民人均消费水平和可支配收入，本文对各省份历年城镇和农村居民的数据进行加权平均。记 j 省 t 期居民人均消费水平和可支配收入为 c_{jt}、y_{jt}，城镇居民人均消费水平、可支配收入为 uc_{jt}、uy_{jt}，农村居民人均消费水平、可支配收入为 rc_{jt}、ry_{jt}，城镇人口占总人口的比重为 η_{jt}，那么有：

$$c_{jt} = \mu_{jt} uc_{jt} + (1 - \mu_{jt}) rc_{jt} \tag{14}$$

$$y_{jt} = \mu_{jt} uy_{jt} + (1 - \mu_{jt}) ry_{jt} \tag{15}$$

为了验证上述拟合的合理性，本文根据上述公式对 2014 年和 2013 年各省份的城镇居民和农村居民的人均消费和可支配收入进行加权平均，并将拟合值同真实值进行比对。比对结果表明，居民人均消费的平均拟合偏差约为 3.8%，而居民人均可支配收入的平均拟合偏差约为 2.9%，均处于较低的水平。这表明上述加权平均的处理方式是合理的。

除此以外，上述计算得到的结果均为名义变量。由于各省份历年的价格水平均在不断变化，直接使用上述消费和收入的名义值进行回归将导致回归结果存在偏差，故用各省份历年消费者价格指数 CPI（2005 年 CPI = 100）对上述数据进行平减，得到各省份历年实际消费与实际收入。

2.2 实证结果

根据前文所述，本文没有在消费函数中纳入消费的滞后项，故不需要使用 GMM 估计法，从而避免了工具变量的使用。除此之外，虽然居民人均消费倾向在各省份之间存在差异，但式（8）与式（9）已将这种差异内生化，因此模型中不存在固定效应；而根据误差项的假设，模型也不存在随机效应问题。故可以用混合最小二乘估计对式（13）进行估计，得到的估计结果将是无偏的。将式（13）进行变换，等式两边同时乘以 $(1 + u_{jt} + v_{jt})$，并记 $c_{jt}^* = (1 + u_{jt} + v_{jt}) c_{jt}$，$\theta_{jt}^* = (1 + u_{jt} + v_{jt}) \theta_{jt}$，则得到：

$$c_{jt}^* = (b_1 + \mu_1 y_{jt}) u_{jt} y_{jt} + (b_2 + \mu_2 y_{jt}) y_{jt} + (b_3 + \mu_3 y_{jt}) v_{jt} y_{jt} + \theta_{jt}^* \tag{16}$$

根据上文的论述，θ_{jt}^* 很可能存在异方差。且有：

$$\text{var}(\theta_{jt}^{*}) = u_{jt}^{2}\sigma_{\delta_{j1},t}^{2} + \sigma_{\delta_{j2},t}^{2} + v_{jt}^{2}\sigma_{\delta_{j3},t}^{2} + (1 + u_{jt} + v_{jt})^{2}(\sigma_{\xi_{j},t}^{2} + \sigma_{\varepsilon,t}^{2}) \tag{17}$$

显然 var(θ_{it}^{*}) 是 y_{it}、u_{it}^{2}、v_{it}^{2} 及 $(1+u_{it}+v_{it})^{2}$ 的函数。利用 Breusch-Pagan 方法检验异方差的存在性 (赵国庆, 2014), 得到的 nR^{2} 值约为 36.28, 其相应的 P 值几乎为 0, 这说明式 (16) 存在异方差。为了消除异方差的影响, 利用加权最小二乘法对式 (16) 进行估计。

表 1 中回归 (1) 为式 (16) 的估计结果。回归方程的拟合优度为 0.95, 这说明回归方程较好地拟合了居民人均消费水平的变化。uy、y 以及 vy 的系数均在 1% 的水平上显著, 这说明三个年龄段对于居民人均消费水平均具有显著的影响; 而消费倾向中随收入变化的部分, 即 uy^{2}、y^{2}、vy^{2} 的系数中只有 uy^{2} 在 5% 的水平上显著, 这说明少儿人口的消费倾向随着可支配收入的变化波动明显, 而成年人口和老年人口的消费倾向则相对较为稳定。由于 uy^{2}、y^{2}、vy^{2} 的系数值均具有较为明确的经济意义, 故依然将其保留, 以便分析各个年龄段的消费特征。从数值上看, 老年人口消费倾向中的固定倾向最高, 为 1.056, 少儿人口次之, 为 0.854, 而成年人口最低, 仅有 0.696。这说明少儿人口和老年人口的刚性需求较高, 当收入处于较低水平时, 他们将消耗几乎所有的收入以满足自身消费。同时, 少儿人口和老年人口的消费倾向均随着可支配收入的增加而降低, 可支配收入每增加 1000 元, 少儿人口和老年人口的消费倾向分别下降 2.16 个百分点和 0.8 个百分点, 这进一步说明少儿人口和老年人口的消费具有一定的饱和性, 因此随着可支配收入的不断增加, 其消费增加的速度在不断减缓, 且少儿人口消费倾向的下降速度约为老年人口的 2.7 倍, 这说明少儿人口消费的饱和性更强。相反, 成年人口消费倾向中的固定倾向部分最低, 但其消费倾向关于人均可支配收入是递增的, 可支配收入每增加 1000 元, 成年人口消费倾向上升 0.143 个百分点, 这说明成年人口的消费仍处于非饱和状态, 其人均消费的增长速度将高于人均可支配收入的增长速度。

表 1 模型估计结果

变量	回归 (1)	回归 (2)	回归 (3)
u			325.5 (0.32)
uy	0.854*** (8.33)	0.883*** (18.34)	-0.074 (-0.26)
uy^{2}	$-2.16 \cdot 10^{-5}$** (-2.40)		$5.04 \cdot 10^{-5}$*** (2.84)
constant			-1018 (-1.28)
y	0.696*** (14.35)	0.650*** (29.22)	1.043*** (7.42)

续表

变量	回归（1）	回归（2）	回归（3）
y^2	$1.43 \cdot 10^{-6}$ (0.48)		$-1.81 \cdot 10^{-5}$*** (-3.27)
v			19178*** (3.04)
vy	1.056*** (3.09)	0.991*** (7.11)	-2.294** (-2.02)
vy^2	$-8.00 \cdot 10^{-6}$ (-0.37)		0.0001*** (2.74)
Adjusted-R^2	0.95	0.95	0.97
AIC	2.83	2.84	2.85

注：括号里为系数相应的 t 值，***、**、* 分别表示在1%、5%、10%的显著性水平上显著。

由于少儿人口消费倾向下降的速度较快，老年人口消费倾向下降较慢，且成年人口的消费倾向随着可支配收入的增加而不断增加，故在所考察的时间内，老年人口的消费倾向最高，而当人均可支配收入超过6861元时，成年人口的消费倾向将高于少儿人口的消费倾向。上述消费倾向的差异可能源于以下几个原因。

首先，老年人口较高的消费倾向不仅是为了满足自身的消费，也有一部分被用作对于子女后代的转移支付。受到我国社会传统的影响，老年人口拥有较强的节俭观念，他们更倾向将自己的可支配收入转移支付给子孙后代。因此虽然消费最终的实现者并非老年人口自身，但老年人口依然拥有较高的消费倾向。另外，老年人口自身对于医疗保健、养老等生理、生活的需求也使得老年人口拥有较强的消费能力，甚至在一些经济发展程度较高的地区，老年人口的消费已经开始向享受型消费转移。这些因素综合导致了老年人口较高的消费倾向。

其次，少儿人口固定倾向较高、消费倾向下降较快主要因为其消费内容的相对单一性。伴随我国独生子女家庭数量的不断增加，既出于投资心理，又受到我国传统家庭观念的影响，父母愿意缩减自身的消费以满足子女在教育培养、健康、衣着、游戏玩具等方面的需求。这导致了家庭资源在子女身上的集中。根据回归结果，少儿人口的人均消费水平为 $0.854y - 2.16 \times 10^{-5} y^2$，可以发现当人均可支配收入低于19769元时，可支配收入的增加将带来少儿人口人均消费水平的提高。但是由于少儿人口的消费需求具有较强的单一性，当满足了前述的消费需求之后，少儿人口的消费增量会大大减少，因此消费倾向的下降速度较快。

最后，成年人口的消费倾向介于少儿人口和老年人口之间。一方面，成年人口具有较为独立的消费能力和健全的消费观念，且对于新事物、新产品的接受能力较强，因此其消费具有较强的非饱和性，当其可支配收入水平提高后，其消费倾向将会提高；另一方面，成年人口的消费也存在着一定的谨慎性，我国的传统家庭观念使得成年人口不仅需要赡养父母，也需要为子女的升学、婚嫁提前做出准备，除此以外，他们也需要进行一定的储蓄以应对未来的不确定性和自身的养老需求。综合上述原因成年人口的消费倾向一般介于老年人口和少儿人口之间。

作为回归（1）的对照，本文给出了各年龄段消费倾向不随收入变化的估计结果，即对下式进行回归：

$$c_{jt}^* = b_1 u_{jt} y_{jt} + b_2 y_{jt} + b_3 v_{jt} y_{jt} + \theta_{jt}^* \qquad (16)'$$

仿照回归（1）的处理方法消除式（16）'的异方差影响，得到估计结果如表1中的回归（2）所示。从回归（2）的结果中可以看出，三个年龄段的消费倾向同回归（1）中各年龄段的固定倾向基本接近。老年人口的消费倾向依旧最高，为0.991，这也接近于回归（1）中经过可支配收入调整后的老年人口消费倾向。而少儿人口和成年人口的边际消费倾向分别被高估和低估了，该结果同回归（1）中 uy^2 和 y^2 的系数符号是吻合的。这说明不考虑可支配收入对于消费倾向的影响时，得到的估计结果可能会存在一定的偏倚，偏倚方向与可支配收入对于消费倾向的影响方向一致。除此之外，前文的论述还说明了在较长的时间跨度内，式（11）将被约束为式（13），即省际居民人均消费函数将通过原点，各年龄段固定消费水平在较长的时间跨度内为0。为了验证该约束的合理性，对下式进行回归：

$$c_{jt}^* = a_1 u_{jt} + (k_1 + \mu_1 y_{jt}) u_{jt} y_{jt} + a_2 + (k_2 + \mu_2 y_{jt}) y_{jt} + a_3 v_{jt} + (k_3 + \mu_3 y_{jt}) v_{jt} y_{jt} + \theta_{jt}^* \quad (16)''$$

其中 $k_i = \lambda_i + b_i$，$i = 1, 2, 3$。由于在上述方程中 λ_i 和 b_i 对应的系数值不能被分别识别，因此主要通过系数 a_i 的显著性水平及回归结果的合理性对约束的合理性进行考察。首先检验式（16）''的异方差问题，得到的 nR^2 值约为29.3，利用前述方法消除模型的异方差性，回归（3）给出了式（16）''的最终回归结果。从回归结果中可以看出，只有 v 的系数是显著的，而 u 和 constant 系数均不具有显著性。更重要的是，加入了常数项之后，虽然各个系数的显著性程度有所增加，但是整个模型的回归结果出现了较大的扭曲。如 uy 和 vy 的系数分别为少儿人口和老年人口消费倾向中的固定倾向，其估计结果分别为 -0.074 和 -2.294，并不具有任何经济含义；即使考虑可支配收入对消费倾向的影响，当可支配收入达到20000元时，老年人口的消费倾向依然是负值。此外，对于成年人口来说，其固定消费水平为 -1018，即当收入为0时，成年人口人均消费 -1018 元，这也不具有任何经济含义。因此，如果不对原消费函数进行约束，回归得到的结果将存在较大的偏差，这也说明了增加约束条件的合理性。

3 年龄结构对于消费水平的影响分析

根据式（3），在各个年龄段消费特征存在差异的情况下，年龄结构的变化主要通过改变各年龄段固定消费水平和人均消费倾向的权重 w_i 来影响居民人均消费。由于在上文的分析中，消费函数被施加了函数通过原点的约束，因此仅需要考察年龄结构的变化将如何影响居民消费倾向，进而改变人均消费水平。根据上文的论述可知，各个年龄段的消费倾向是可支配收入的函数，而居民消费倾向是各年龄段消费倾向的加权平均，因此居民消费倾向是少儿抚养比、老年抚养比及可支配收入的函数。若记居民

消费倾向为 $MPC(u, v, y)$,那么根据回归（1）的结果，可以得到：

$$MPC(u,v,y) = \frac{(0.854 - 2.16 \cdot 10^{-5}y)u + (0.696 + 1.43 \cdot 10^{-6}y) + (1.056 - 8 \cdot 10^{-6}y)v}{1 + u + v} \quad (18)$$

对 $MPC(u, v, y)$ 分别关于 u 和 v 求偏导数，得到如下结果：

$$\partial MPC/\partial u = \frac{0.158 - 0.202v - (2.303 \cdot 10^{-5} + 1.36 \cdot 10^{-5}v)y}{(1 + u + v)^2} \quad (19)$$

$$\partial MPC/\partial v = \frac{0.36 + 0.202u + (1.36 \cdot 10^{-5}u - 9.43 \cdot 10^{-6})y}{(1 + u + v)^2} \quad (20)$$

从式（19）可以发现，居民消费倾向关于少儿抚养比偏导数的符号受到可支配收入和老年抚养比的制约，其正负是不确定的，且同少儿抚养比自身无关。一般来说，我国各省份老年抚养比的值均小于 0.78，因此 $0.158 - 0.202v > 0$ 对我国各省份都是成立的。这说明当居民可支配收入处于较低的水平时，少儿抚养比的提高将带来居民消费倾向的增加；而当居民可支配收入处于较高的水平时，少儿抚养比的提高将降低居民消费倾向。上述结论是显然的，根据上文的论述，在可支配收入处于较低水平时，增加的可支配收入中将有较大比重用于子女后代的培养与发展，这带动了居民消费倾向的提高；但是由于少儿人口的消费具有较强的单一性和饱和性，因此当可支配收入处于较高水平时，少儿人口的消费倾向不升反降，这使得少儿抚养比的增加将带来居民消费倾向的下降。更为重要的是，上述使得偏导数符号改变的可支配收入的临界值是老年抚养比 v 的函数，若记该临界值为 $y^*(v)$，则有

$$y^*(v) = \frac{0.158 - 0.202v}{2.302 \cdot 10^{-5} + 1.36 \cdot 10^{-5}v} \quad (21)$$

不难看出，当 $y < y^*(v)$ 时，$\partial MPC/\partial u > 0$；当 $y > y^*(v)$ 时，$\partial MPC/\partial u < 0$。图 1 给出了 v 和 y^* 之间的变化关系。从图中可以看出，随着老年抚养比的不断增加，可支配收入的临界值 y^* 不断降低。因此拥有较高老年抚养比的地区，其少儿抚养比的增加更容易导致居民消费倾向的下降。

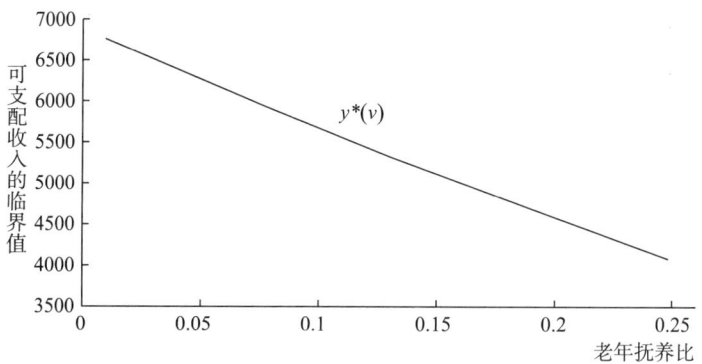

图 1　老年扶养比与可支配收入之间的关系

进一步考察式（20）。由于当 $u<0.69$ 时，$1.36\times10^{-5}u-9.43\times10^{-6}<0$，而 2005~2014 年我国各省份少儿抚养比的最高值仅为 0.4465，因此 $1.36\times10^{-5}u-9.43\times10^{-6}<0$ 对于我国各省份是成立的。显然，居民可支配收入的变化对 $\partial MPC/\partial v$ 的影响同对于 $\partial MPC/\partial u$ 的影响是类似的。由于老年人口消费也具有饱和性，即老年人口消费倾向随着可支配收入的提高不断降低，因此当居民可支配收入处于较低的水平时，老年抚养比的提高将带来居民消费倾向的增加；而当居民可支配收入处于较高的水平时，老年抚养比的提高将降低居民消费倾向。同样，使得偏导数符号改变的可支配收入的临界值是少儿抚养比 u 的函数，若记该临界值为 $y^{**}(u)$，则有

$$y^{**}(u)=\frac{0.36+0.202u}{9.43\times10^{-6}-1.36\times10^{-5}u} \quad (22)$$

类似的，当 $y<y^{**}(u)$ 时，$\partial MPC/\partial v>0$；当 $y>y^{*}(v)$ 时，$\partial MPC/\partial v<0$。图 2 给出了 u 和 y^{**} 之间的变化关系，从中可以看出，随着少儿抚养比的不断增加，可支配收入的临界值在不断上升。因此拥有较高少儿抚养比的地区，其老年抚养比的增加容易导致居民消费倾向的提高。

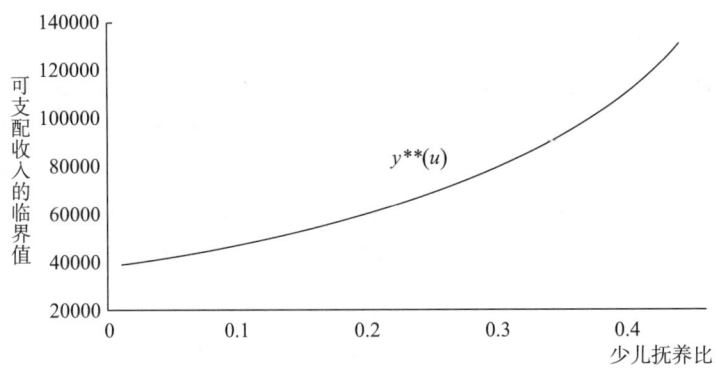

图 2　少儿扶养比与可支配收入的关系

注意到 $y^{*}(v)$ 和 $y^{**}(u)$ 随着自变量的变化过程恰好是相反的，$y^{*}(v)$ 随着老年抚养比 v 的提高而不断下降，而 $y^{**}(u)$ 随着少儿抚养比 u 的提高而上升。显然，在任何可支配收入水平下，少儿人口的消费倾向显著低于老年人口的消费倾向，且随着可支配收入的提高，少儿人口消费倾向下降得更快。因此，当老年抚养比处于较高水平时，老年人口比重相对较高，此时少儿抚养比的增加带来的老年人口比重的下降也相对较大，除非少儿人口消费倾向处于较高的水平，即可支配收入维持在较低水平，否则少儿抚养比的增加将导致居民人均消费倾向的下降；相反，当少儿抚养比处于较高水平时，少儿人口比重相对较高，此时老年抚养比的增加带来的少儿人口比重的下降也相对较大，除非老年人口消费倾向处于较低的水平，即可支配收入维持在较高的水平，否则老年抚养比的增加将导致人均消费倾向的上升。这就解释了为什么 $y^{*}(v)$ 和 $y^{**}(u)$ 随自变量的变化过程是相反的。实质上上述过程也体现了各个年龄段比重之间的相对变化和相互制约，这也是用抚养比而非简单的人口比重来表征年

龄结构变化的优势之一。

利用式（21）、式（22）可以考察我国年龄结构变化对各省份居民消费倾向的实际影响。2005~2014年，我国各省份老年抚养比的最小值为0.0671，最大值为0.2004，其对应的可支配收入临界值为6036和4565。实际来看，2005~2014年的310个样本点中，有39个样本点满足$y<y^*(v)$，其中2005年15个、2006年10个、2007年6个、2008年4个、2009年3个、2010年1个，主要集中于贵州、西藏、甘肃、青海及云南。这说明近年来，少儿抚养比的增加降低了我国居民消费倾向，该效应在经济发达地区尤为明显；对于一些经济不发达的地区，在可支配收入水平较低的情况下，少儿人口消费倾向相对较高，因此少儿抚养比的提高在一定时期内提升了居民消费倾向，但随着可支配收入的提高，该效应逐渐消失。对老年抚养比来说，2005~2014年，我国各省份少儿抚养比的最小值为0.0964，最大值为0.4465，其对应的可支配收入临界值为46739和134082。在2014年，我国居民可支配收入最高的地区为上海市，其实际人均可支配收入为35670元，依然远小于最小的可支配收入临界值。因此在所考察的时间内，我国老年抚养比的增加将带来各省份居民人均消费倾向的提高。

4 结论

为了探讨年龄结构变化对于我国各省份居民人均消费的影响，本文构建了基于社会抚养比和居民人均可支配收入的省际居民人均消费函数。利用我国2005~2014年的省际面板数据对该消费函数进行估计，估计结果表明当人均可支配收入超过一定水平后，老年人口消费倾向最高，成年人口居中，而少儿人口最低；随着可支配收入的不断提高，少儿人口和老年人口的消费倾向将逐渐降低，且少儿人口的消费倾向下降速度更快，而成年人口的消费倾向将逐渐提高。年龄结构对于居民消费的影响分析表明，当人均可支配收入超过一定水平后，少儿抚养比的提升带来居民消费倾向的下降；在考察的时间内，老年抚养比的提升带来了居民人均消费倾向的提升。

上述研究结果至少有以下两点启示。

首先，随着我国老龄化问题的不断加剧，我国老年人口的比重、老年抚养比均在不断提高，这在一定程度上减少了我国劳动力供给，提高了劳动成本，使得人口红利不断消退。但是从另一个方面看，随着我国人民生活水平的不断提高，老年人口的消费能力和消费水平也在不断提高。除了刚性的生理需求和生活需求支出以外，老年人口的消费需求也渐趋多样化，金融理财、老年教育等老年消费领域也在迅速发展；甚至在部分发达地区，老年人口的消费层次也在逐步上升，向享受型消费过度。因此老年人口比重的提高带来的消费增长在一定程度上可以抵冲劳动力短缺给我国经济发展带来的负面影响，甚至在当今强调供给侧转型和扩大内需的经济发展思路下，老年人口带来的高消费水平反而有利于实现我国产业结构的调整与转型，最终实现"第二次人口红利"。

其次，我国独生子女家庭数量的不断增加使得家庭资源集中于子女的培养，但少儿人口的消费内容较为单一，消费支出容易达到饱和状态。虽然大部分省域少儿人口的绝对消费水平仍处于增长状态之中，但可支配收入的提高将会降低少儿人口的消费倾向，进而降低居民人均消费倾向。这也在一定程度上表明，我国二胎政策的放开很难在短时期内对国内消费需求的拉动形成强有力的支撑，但与收入水平较高的地区相比，需求的拉动效果在收入水平较低地区的作用会更加明显。

参考文献

付波航，方齐云，宋德勇．2013．城镇化、人口年龄结构与居民消费——基于省际动态面板的实证研究．中国人口·资源与环境，（11）：108 – 114．

李文星，徐长生，艾春荣．2008．中国人口年龄结构和居民消费：1989—2004．经济研究，（7）：118 – 129．

毛中根，孙武福，洪涛．2013．中国人口年龄结构与居民消费关系的比较分析．人口研究，（3）：82 – 92．

王芳．2013．人口年龄结构对居民消费影响的路径分析．人口与经济，（3）：12 – 19．

王欢，黄键元．2015．中国人口年龄结构与城乡居民消费关系的实证分析．人口与经济，（2）：11 – 20．

王金营，付秀彬．2006．考虑人口年龄结构变动的中国消费函数计量分析——兼论中国人口老龄化对消费的影响．人口研究，（1）：29 – 36．

赵国庆．2014．高级计量经济学——理论与方法．北京：中国人民大学出版社．

Ando A．, Modigliani F．．1963．The "Life Cycle" Hypothesis of Saving: Aggregate Implications and Tests. *The American Economic Review*, 53（1）：55 – 84．

Attfield C．, Cannon E．．2003．The Impact of Age Distribution Variables on the Long Run Consumption Function. Department of Economics University of Bristol Discussion Papers No. 03：1 – 9．

Erlandsen S．, Nymoen R．．2008．Consumption and Population Age Structure, *Journal of Population Economics*. 21（3）：505 – 520．

Hall R．E．．1978．Stochastic Implications of the Life Cycle-Permanent Income Hypothesis: Theory and Evidence. *Journal of Political Economy*, 86（6）：971 – 987．

Higgins M．, Williamson J．G．．1997．Age Structure Dynamics in Asia and Dependence on Foreign Capital. *Population and Development Review*, 23（2）：261 – 293．

Hock H．, Weil D．H．．2006．The Dynamics of the Age Structure, Dependency and Consumption. NBER Working Paper. No. 12140：1 – 34．

Horioka C．Y．, Wan J．．2007．The Determinants of Household Saving in China: A Dynamic Panel Analysis of Provincial Data. *Journal of Money, Credit and Banking*, 39（8）：2077 – 2096．

Loayza N．K．, Schmidt-Hebbel, Serven L. 2000. What Drives Private Saving across the World?. *Review of Economics and Statistics*, 82（2）：165 – 181．

Modigliani F．, Brumberg R．．1954．Utility Analysis and the Consumption Function: An Interpretation of Cross-Section Data. In K. Kurihara, ed. *Post Keynesian Economics*. New Brunswick: Rutgers University Press.

Modigliani F．, Cao S．L．．2004．The Chinese Saving Puzzle and the Life-Cycle Hypothesis. *Journal of Economic Literature*, 42（1）：145 – 170．

Weil D．N．．1999．Population Growth, Dependency, and Consumption. *The American Economic Review*, 89（2）：251 – 255．

工业产业发展对工业劳动力流动影响研究

孙 巍[1,2] 刘智超[1,2]

(1. 吉林大学数量经济研究中心,吉林,长春,130012;
2. 吉林大学商学院,吉林,长春,130012)

摘要:本文以工业为例,探讨产业发展对劳动力流动的作用效果。本文选择1999~2011年全国31个省、自治区、直辖市(不含港澳台,下同)的工业数据,以工业相对从业人数的年增长值刻画工业劳动力的流动,运用变替代弹性生产函数的面板数据对工业产业发展对劳动力流动的作用效果进行实证检验。研究结果表明,地区工业产业发展促进江苏等东部沿海地区劳动力流入与河北等中西部地区劳动力回流,而工业产业的发展并未对北京、黑龙江等地区产生明显的作用,此类地区工业劳动力仍持续流出。在工业劳动力流动的经济系统中,工业工资的变动与工业的资本劳动替代效应也对工业劳动力流动有显著影响。

关键词:工业产业发展 劳动力流动 面板数据变替代弹性生产函数

The Effect on Industrial Labor Mobility from Industry Development in China

Abstract:Taking industry as an example, this paper aims to explore the industry development effects on indusrial labor mobility. This paper chooses 31 provinces municipalities (excluding Hong Kong, Macao and Taiwan) industry data in China from 1999 to2011, uses employment data of industrial enterprises above designedsize by regions/population data to measure industry labor mobility and panal data in variable elasticityof substitution production function (VES) to examine. The result show that Industrydevelopmentpromotes inflow of Jiangsu and other eastern coastal provinces andreturn migration of Hebei and other Midwest provinces. But The industry development have not a significant effect on Beijing, Heilongjian and other provinces, industry labor in these places still flows out. In the economic system of industrial labor mobility, capital movements and industrial wage have also significant effect on industrial labor mobility.

Keywords:Industry Development Labor Mobility Panel Data VES

引 言

改革开放以来,大量劳动力外流至东部沿海地区。随着人口红利的转移释放与内陆地区经济发展,劳动力流向表现出不同的特征。部分劳动力不再流入东部,而是回流至内陆地区;部分劳动力仍然外流,流向东部沿海地区。在三期叠加与工业亟待转型升级的背景下,工业产业发展对劳动力流动存在怎样的作用效果尤其值得研究与探讨。

产业发展差异是劳动力流动的主要动力。但已有的实证分析因劳动力流动刻画存在缺陷,并未能分析工业产业发展对劳动力流动的具体作用效果。究其根源,是因为缺乏劳动力流动的直接统计数据。除使用微观数据直接统计劳动力流动外,现有研究多以人口、就业等年鉴数据对劳动力流动进行间接估计。此类方法多以 2000 年、2010 年人口普查与 2005 年人口抽样调查数据为基础,统计当期与前期人口数量的变化,近似估算出劳动力的流动规模。在此方法的基础上,部分学者将人口增长率与各省份的暂住人口数据指标纳入劳动力流动的测算中有效地修正了人口增长与人口短期波动对劳动力流动刻画的影响误差。另有学者以行业数据中职工总数与国有职工人数之差、非农就业人口与总人口的比例等方式间接衡量劳动力流动量,避免了人口普查与抽样数据中时间跨度大、缺少历年衔接的弊端,但也存在估算成分过多,掩盖劳动力流动真实情况的问题。现有研究或缺乏实证检验,或缺乏劳动力流动的度量指标,因而不能对工业产业发展对劳动力流动的作用关系进行更为深入的分析。

本文结构安排如下:第一部分设计适合衡量工业劳动力流动的指标;第二部分进行工业产出对劳动力流动的理论分析与实证检验;最后进行全文总结。

1 工业劳动力流动度量

本文使用全国 31 个省、自治区、直辖市(不含港澳台)规模以上工业企业从业人数与人口数之比作为衡量工业相对从业人数指标,以工业相对从业人数的年增长值刻画工业劳动力的流动。相较于人口普查、抽样调查等数据,规模以上工业企业从业人数数据由企业直报统计部门,更为连续、准确。工业相对从业人数年增长值这一指标蕴含了某一省份某一年份的工业从业人数的自然增长率与人口数的自然增长率相同的假设,不仅可以观测到劳动力流动的动态趋势,更剔除了人口增长对工业从业人数的带动,可以有效刻画省际工业劳动力的回流趋势。

$$工业相对从业人数 = \frac{规模以上工业企业从业人数}{人口数} \quad (1)$$

$$工业劳动力流动 = 当期工业相对从业人数 - 上期工业相对从业人数 \quad (2)$$

工业劳动力流动数值为正，表明工业劳动力向本地区流入；工业劳动力流动数值为负，表明工业劳动力从本地区流出；工业劳动力流动数值由负转正，表明工业劳动力先流出而后流入，即出现了工业劳动力的回流。其中，31个省份规模以上工业企业从业人数的数据来自《中国工业经济统计年鉴》，31个省份人口数的数据来自《中国统计年鉴》。工业相对从业人数的时间范围为1999~2011年，取差分后，工业劳动力流动的时间范围为2000~2011年。

2000~2011年间，工业劳动力流动状况明显。分年份看，工业劳动力流动的高峰发生在2008年，流动数值为0.007090741；工业劳动力流动的低谷发生在2002年，流动数值为0.000374912。分地区看，全国31个省份的工业劳动力呈现出不同的流动特征，浙江、江苏、广东、上海、北京、天津、辽宁、福建、山东的工业劳动力波动性较强。工业劳动力流入的高峰发生在2008年的江苏，流入数值为0.030747465；工业劳动力相对流出的高峰发生在2000年的上海，流出数值为0.02593288。北京、天津、上海、黑龙江、海南、西藏、甘肃7个省份的工业劳动力表现出持续的流出特征。江苏、浙江、福建、山东、广东5个省份的工业劳动力表现出持续的流入特征。河北、山西、内蒙古、辽宁、吉林、安徽、江西、河南、湖北、湖南、广西、重庆、四川、贵州、云南、陕西、青海、宁夏、新疆19个省份的工业劳动力流动指标数值先负后正，即工业劳动力先流出而后流入。这19个省份的工业劳动力相对再聚集发生在2001~2005年间。2001年，仅河北、重庆两地出现微弱的工业劳动力相对流入；2002年，仅山西出现微弱的工业劳动力相对流入；2003年，相对流入省份逐渐增加，有5个省份呈现工业劳动力相对流入特征。2004年、2005年工业劳动力相对流入形势趋于稳定。

本文将未剔除人口增长率的工业从业人数年增长值视为工业劳动力流动的绝对变动，与工业劳动力流动的相对变动对比分析，观察二者的异同，探究以工业相对从业人数年增长值刻画工业劳动力流动的合理性。在工业劳动力流动趋势问题上，29个省份的工业劳动力绝对流动趋势与工业劳动力相对流动趋势基本相同，仅天津、上海的工业劳动力绝对流动趋势与相对流动趋势不一致。在工业劳动力相对流动趋势中，天津、上海表现出持续的工业劳动力相对流出趋势；而在工业劳动力绝对流动趋势中，天津表现出工业劳动力先绝对流出后绝对流入的特征，上海在个别年份工业劳动力绝对流出，多数年份工业劳动力绝对流入。在是否发生工业劳动力流向变化时间问题上，工业劳动力绝对流动与工业劳动力相对流动的省份划分保持一致，但流向变化的时间存在差异。内蒙古、江西、贵州、陕西、青海5个省份的工业劳动力绝对流向变化时间早于工业劳动力相对流向变化时间，安徽的工业劳动力绝对流向变化时间晚于工业劳动力相对流向变化时间。因存在人口与工业从业人数的增长，工业劳动力绝对流动指标数据扩大了工业劳动力的净流动指标数据；而剔除了人口增长对工业从业人数带动的工业劳动力相对流动指标数据衡量工业劳动力的流动更为严谨，以工业劳动力的相对流向变化时间为流向转折点更适合刻画工业劳动力的流动问题。因此，本文基于《中国工业经济统计年鉴》《中国统计年鉴》的数据，运用工业相对从业人数的年增长值表示的工业劳动力相对流动指标来研究工业劳动力的流出与流入问题。

2 实证研究

2.1 基本模型

本文以变替代弹性生产函数（VES）为基础，推导工业劳动力流动基础方程。生产函数形式如下所示：

$$Y = AK^{\frac{a}{1+c}} \left[L + \left(\frac{b}{1+c} \right) K \right]^{\frac{ac}{1+c}} \quad (3)$$

Y 表示工业产出，A 表示综合技术水平，K 表示工业资本投入量，L 表示工业劳动要素投入量，a 表示规模报酬参数（恒大于0），A、a、b、c 表示外生参数。

本文将变替代弹性生产函数取对数，并根据泰勒展开式与边际产出等于要素价格，得到线性形式的工业劳动力流动理论方程：

$$\ln L = \frac{c}{(1+c)^2} - \frac{1}{a}\ln A + \frac{1}{a}\ln Y + \frac{1}{1+c}\ln\left(\frac{re}{w} - b\right) + \frac{c^2 r}{(2+c)^2} \cdot \frac{1}{wb - rc} \quad (4)$$

由基础模型可知，工业产出是工业劳动力流动的重要影响变量，工业工资、工业资本劳动替代效应也将作用于工业劳动力流动。

2.2 指标选取

（1）工业劳动力流动

工业劳动力流动（ΔLABOR）含义为规模以上工业企业从业人数与人口数之比的年增长量。工业劳动力流动指标数值为正，表明工业劳动力流入；工业劳动力流动指标数值为负，表明工业劳动力流出；工业劳动力流动指标数值由负转正，表明工业劳动力回流。

（2）工业增加值相对增速

工业增加值相对增速（ΔIS）由本地区工业增加值增速与本地区 GDP 增速之差表示，是衡量工业产业发展的重要变量。工业增加值数据来自 1999~2011 年《中国工业经济统计年鉴》，GDP 数据来自 1999~2011 年《中国统计年鉴》。数据差分后，时间范围为 2000~2011 年。工业增加值相对增速大于零，表明地区经济发展中工业增速快于 GDP 增速；工业增加值相对增速小于零，表明当地的经济发展中工业增速慢于 GDP 增速。

（3）工业相对资本劳动替代增长量

本文选择本地区工业资本–劳动比与全国平均资本–劳动比的相对比的年增长量（ΔRDEEP）表示地区工业资本劳动替代效应。资本数据取自 1999~2011 年《中国工业经济统计年鉴》中各省份规模以上工业企业固定资产投资净值项，劳动数据取自 1999~2011 年《中国工业经济统计年鉴》中分地区规模以上工业企业从业人数。数据差分后,时间范围为 2000～2011 年。工业相对资本劳动替代增长值为正,表明较之全国平均资本劳动替代水平,本省资本劳动替代程度增强;工业相对资本劳动替代增长值为负,表明较之全国平均资本劳动替代水平,本省资本劳动替代程度减弱。

(4) 工业品出厂价格增速

工业品出厂价格是工业生产企业将产品销售给商业部门、物资供应部门和其他使用单位的价格,由生产成本、利润和税金三部分构成。本文根据 1999～2011 年《中国统计年鉴》工业品出厂价格指数推导得出工业出厂价格增速(ΔRIP)。工业出厂价格增速指标数值为正,表明工业品出厂价格增加;工业出厂价格增速指标数值为负,表明工业品出厂价格降低。

(5) 工业相对工资增长量

现有的统计年鉴中缺乏分地区分年份工业工资的具体数据。本文搜集 1999～2011 年《中国统计年鉴》中各地区采掘业、制造业,以及电力、煤气及水的生产和供应业按行业就业人员数与各地区按行业就业人员平均工资数据,使用加权平均算法得到 31 个省市自治区的工业平均工资。本地区工业工资除以全国平均工资得到工业相对工资,差分后求得工业相对工资的年增长量(ΔRWAGE)。数据差分后,时间范围为 2000～2011 年。工业相对工资的年增长量为正,表明相较于全国平均工业工资,本地区工业工资增速加快;工业相对工资的年增长量为负,表明相较于全国平均工业工资,本地区工业工资增速减慢。

2.3 方程建立

本文根据工业劳动力相对流向的划分,运用 2000～2011 年全国 31 个省份(除港澳台,一同)的面板数据,建立以工业相对资本劳动替代增长量、工业品出厂价格增速、工业相对工资增长量、工业增加值相对增速为解释变量的工业劳动力流动模型。

首先,江苏等 5 省份呈现出工业劳动力流入特征,划分为劳动力流入地区。其次,北京、天津、上海、黑龙江、海南、西藏、甘肃 7 个省份虽都呈现出工业劳动力流出的特征,但北京、天津、上海属工业产业外迁地区,与黑龙江等地相比,影响两类地区的工业劳动力流动的因素及作用效果存在差别,应分别予以回归分析。再次,河北等 19 个省份呈现出工业劳动力的回流特征,流出与回流阶段的影响因素及作用效果应存在差异。本文以工业劳动力流向变化时间点为回流转折点,划分为相应的流出阶段与流入阶段,定义虚拟变量 dv,流出阶段取值 0,流入阶段取值 1,应分别予以回归分析。鉴于此,本文将 31 个省份的工业劳动力分为四类。江苏等稳定流入地区为一类,北京等地为一类,黑龙江等地为一类,河北等工业劳动力回流地区为一类。

表 1 工业劳动力回流实证分析

被解释变量	解释变量	江苏等地区	北京等地区	黑龙江等地区	河北等地区
ΔRDEEP	常数项	-0.014576 (-0.970999)	-0.003858 (-0.262875)	0.092818** (2.333939)	0.030931*** (3.908270)

续表

被解释变量	解释变量	江苏等地区	北京等地区	黑龙江等地区	河北等地区
	△RIP	-0.178245 (-0.619968)			1.146163*** (3.399448)
	dv*△RIP				-0.929964** (-2.500257)
	△RWAGE	-0.007971 (-0.344332)	-0.039874** (-2.628575)	-0.141108** (-2.133619)	
	R^2	0.007677	0.168895	0.090052	0.055072
	P值	0.802805	0.012778	0.038239	0.001708
△LABOR	常数项	0.004145*** (3.396425)	-0.002794** (-2.331222)	-0.000691** (-2.172730)	0.000634*** (3.263781)
	△RDEEP			-0.002377** (-2.228133)	-0.011035*** (-5.149975)
	dv*△RDEEP				0.008837*** (3.184401)
	△RWAGE	-0.003610* (-1.948229)	-0.002823** (-2.279033)		-0.000532* (-1.650968)
	△IS	0.064787* (1.878849)			
	dv*△IS				0.013850*** (4.036602)
	R^2	0.108780	0.132520	0.097412	0.193192
	P值	0.037546	0.029064	0.030802	0.000000

注：1. ***、**、* 分别表示估计量在1%、5%、10%显著性水平下显著；2. 括号内的值为t统计量。

2.4 回归结果说明

本文利用全国31个省份的面板数据，通过构建多区域计量模型，实证检验工业产出对劳动力流动的作用效果。

由回归的计量结果看，工业增加值相对增速对工业劳动力相对流动的作用效果为正，变量的作用效果符合理论模型的预期。工业相对资本劳动替代增长值、工业相对工资增长值对工业劳动力的相对流动的作用效果为负，呈现出工业工资上涨、资本劳动替代效应增强抑制工业劳动力流入，工业工资降低、资本劳动替代效应减弱促进工业劳动力流入的特点。在工业劳动力流动的经济系统中，劳动力流动与工业工资、工业资本劳动替代效应存在相互影响的作用关系，工业工资的变动与工业的资本劳动替代效应是工业劳动力流动的结果。工业劳动力的流出导致工业劳动要素相对供给不足，进而造成工业均衡工资上涨；与此同时，工业工资上涨与工业劳动要素供给不足也致使工业厂商被迫选择用资本替代劳动。工业相对工资增长值对工业相对资本劳动替代增长值的作用效果为负,工业工资上涨抑制资本劳动替代效应,工业工资降低促进资本劳动替代效应。工业工资上涨时,厂商既会选择在本地区以价格较低的资本替代劳动,又会选择将可自由流动的资本要素投入其他地区,以获得最大利润,因此,呈现出本地区工业资本劳动替代效应减弱的特征。

工业产业发展是吸引工业劳动力由北京、黑龙江、河北等地流出,流入至江苏等沿海工业发达地区的主要动力。工业增加值相对增速提高1个单位,工业劳动力流入0.0064787个单位。工业的资本劳动替代效应并未影响工业劳动力的流入。工业劳动力的流入导致劳动要素供给相对充裕,致使工资的均衡价格降低。整体而言,江苏等沿海工业发达地区的工业产业发展吸引了北京、河北、黑龙江等地区的工业劳动力流入,但三类地区工业劳动力流出的结果不尽相同。北京等产业结构外迁地区工业劳动力的流出将导致地区工业工资上涨,工业的资本劳动替代效应并未影响工业劳动力的流出。黑龙江等地区工业劳动力的流出将导致地区工业资本劳动替代效应增强,工业工资虽未影响工业劳动力的流出,但工业工资的上涨导致本地区工业资本劳动替代效应增强。河北等地工业劳动力的流出既导致了地区工业工资上涨,又导致了地区工业资本劳动替代效应增强。但与黑龙江等地不同,河北等地的工业资本劳动替代效应的增强,并不受工业工资的影响,是受工业产品价格的制约。工业产品价格增速上升,工业资本劳动替代效应增强。

内陆地区的工业产业发展直接导致流入地区不再局限于江苏等沿海工业发达地区,部分工业劳动力回流至河北等地。工业增加值相对增速提高1个单位,工业劳动力回流0.013850个单位。随着工业产业结构发展的正向效应增强,工业劳动力出现回流,工业劳动要素逐渐充裕,工业均衡工资降低,工业资本劳动替代效应也在减弱。工业劳动力回流省份的工业增加值增速表现出了显著的异于未回流地的特征。在整个回流阶段,内蒙古、吉林、江西、陕西、青海、宁夏6个省份的工业增加值的增速快于全国平均水平。河北、山西、辽宁、安徽、河南、湖北、湖南、广西、重庆、四川、云南、贵州、新疆13个省份的工业增加值增速存在波动,虽未能持续高于全国平均水平,但观测期整体而言,工业增加值的平均增速仍快于全国平均水平。地区工业产业的稳定发展使吸纳工业劳动要素能力增强,促进了工业劳动力由其他地区回流至内陆地区。而诸如北京、黑龙江等地区,工业产业结构发展的正向效应对工业劳动力的流动并未产生影响,致使此类地区的工业劳动力仍未发生回流。

3 结论

本文以工业为例,对工业产业发展对工业劳动力流动的作用效果进行系统研究。具体结论如下。

工业产业发展促进工业劳动力流入东部沿海地区。随着河北等内陆地区的工业产业发展,工业劳动力流入地区不再局限于江苏等沿海工业发达地区,部分工业劳动力回流至河北等曾经工业产业欠发达地区。而诸如北京、黑龙江等地区，工业产业发展的正向效应对工业劳动力的流动并未产生影响，此类地区的工业劳动力仍未发生回流，工业劳动力仍然呈流出态势。

在工业劳动力流动的经济系统中，劳动力流动与工业工资、工业资本劳动替代效应存在相互影响的作用关系，工业工资的变动与工业的资本劳动替代效应是工业劳动力流动的结果。工业劳动力的流出导致工业劳动要素相对供给不足，进而造成工业均衡工资上涨；与此同时，工业工资上涨与工业劳动要素供给不足也致使工业厂商被迫选择用资本替代劳动。工业劳动力的回流致使工业劳动要素供给充裕，进而造成工业均衡工资降低，工业资本劳动替代效应减弱。

参考文献

安虎森，刘军辉. 2014. 劳动力的钟摆式流动对区际发展差距的影响——基于新经济地理学理论的研究. 财经研究，(10)：84-96.

白南生，何宇鹏. 2002. 回乡，还是外出？——安徽四川二省农村外出劳动力回流研究. 社会学研究，(3)：64-78.

陈晓红，李武珍. 2009. 劳动力流动与中东部就业替代研究. 现代商贸工业，(4)：54-57.

樊士德，姜德波. 2011. 劳动力流动与地区经济增长差距研究. 中国人口科学，(2)：27-38.

胡荣才，刘晓岚，李伟. 2011. 劳动力流动、工业化进程对区域经济影响研究——基于面板数据模型的视角. 人口与经济，(2)：45-51.

黄国华. 2010. 城市外来劳动力流入影响因素分析——基于长三角地区16地级市的实证考察. 中国人口·资源与环境，(2)：144-150.

李扬，殷剑峰. 2005. 劳动力转移过程中的高储蓄、高投资和中国经济增长. 经济研究，(2)：4-15.

李明桥，傅十和，王厚俊. 2009. 对农村劳动力转移"钟摆现象"的解释. 人口研究，(1)：46-54.

刘志忠，贺彩银，王耀中. 2007. 基于拉尼斯-费模型的民营部门出口贸易对农业剩余劳动力转移影响的实证分析. 中国农村经济，(10)：40-45.

潘越，杜小敏. 2010. 劳动力流动、工业化进程与区域经济增长——基于非参数可加模型的实证研究. 数量经济技术经济研究，(5)：34-48.

石智雷. 2012. 人口流动与中国农村地区的家庭禀赋——基于中部地区农户调查数据的分析. 湖北经济学院学报，(5)：61-68.

石智雷，杨云彦. 2012. 家庭禀赋、家庭决策与农村迁移劳动力回流. 社会学研究，(3)：157-181.

石智雷，杨云彦. 2012. 家庭禀赋、农民工回流与创业参与——来自湖北恩施州的经验证据. 经济管理，(3)：151-162.

肖智，张杰，郑征征. 2012. 劳动力流动与第三产业的内生性研究——基于新经济地理的实证分析. 人口研究，(2)：97-105.

姚枝仲，周素芳. 2003. 劳动力流动与地区差距. 世界经济，(4)：35-44.

杨云彦，石智雷. 2012. 中国农村地区的家庭禀赋与外出务工劳动力回流. 人口研究，(4)：3-17.

中国金融稳定性的度量及其与主要宏观经济变量的关系[*]

邓 创[1,2]　王思怡[2]　甘 喆[2]

(1. 吉林大学数量经济研究中心，吉林，长春，130012；
2. 吉林大学商学院，吉林，长春，130012)

摘要：金融不稳定是引起和放大宏观经济波动的重要因素。本文通过考察中国上市公司破产距离的分布特征和变动规律，度量并分析了1996～2013年之间中国金融稳定性的波动态势，分析表明，本文度量的金融稳定性指数不仅反映了金融市场的波动现实，而且包含了重要的宏观经济信息。进一步，本文通过构建TVP-VAR模型深入分析了中国金融稳定性与通货膨胀率、经济增长率之间的时变影响动态。结果表明宏观经济冲击对金融稳定性的影响较为稳定，而金融稳定性变动对宏观经济目标变量的冲击具有明显的时变特征，且金融稳定的"价格效应"明显大于"产出效应"。

关键词：金融稳定性　通货膨胀　经济增长　TVP-VAR Model

The Financial Soundness and Its Relationship with Main Macroeconomic Variables in China

Abstract: This paper measures the financial soundness in China in the years of 1996 – 2013, based on analyzing the distribution characteristics listing Corporation's distance to insolvency. Analysis results show that, the financial soundness index measured in this paper contains future macroeconomic information. Furthermore, this paper analyzes the time-varying interactive effects between financial soundness and main macroeconomic variables by structuring the TVP-VAR model. The results show that the impacts of macroeconomic shocks on the financial

---

[*]　[基金项目]：国家社科青年基金项目（11CJL012、12CJY109）；吉林大学青年学术骨干支持计划（2015FRGG09）；教育部人文社会科学重点研究基地重大项目（13JJD790011）。
[作者简介]：邓创（1979.7—），男，汉族，湖南益阳人，吉林大学数量经济研究中心副教授，博士生导师，数量经济学博士，理论经济学博士后，研究方向为宏观经济计量分析与预测；王思怡（1992.12—），女，汉族，湖南益阳人，吉林大学商学院；甘喆（1995.2—），女，汉族，江西宜春人，吉林大学商学院。

soundness are relatively stable, while the impacts of the financial soundness changes on macroeconomic target variables have obvious time-varying characteristics, and the "price effect" of financial stability is obviously larger than the "output effect".

Key Words: Financial Soundness　Inflation　Economic Growth　TVP-VAR Model

引　言

金融不稳定是现代金融体系的基本特征，金融体系从"稳定"到"脆弱"的转变具有内生性，一方面对宏观经济周期波动起着重要的传递和放大作用，另一方面是诱发金融风险和经济波动的重要原因（Minsky，1982）。目前，维护金融稳定是各国中央银行的基本职责之一，评估金融系统的稳定性及其对宏观经济的冲击影响也成为政策制定者和学术界共同关注的热点。20世纪90年代中期以来，中国金融改革取得了巨大的进展，金融系统结构所发生的重要变化使得金融系统中的不稳定因素明显增加，不断积聚的金融压力最终可能导致系统性金融风险或更为严重的金融危机产生（王研、陈守东，2014）；另外，随着中国金融自由化程度和对外开放程度的提高，国际金融风险和经济冲击的传导途径日益复杂，金融环境的多变性和复杂性也为中国经济的发展和宏观调控带来了新的挑战。因此，正确评估金融市场的稳定性，理解金融稳定性的波动特征及其与宏观经济目标变量之间的动态关联机制，对于营造稳定的金融环境、促进中国金融市场良性发展和宏观经济平稳增长具有重要的现实意义。

1　金融稳定性的度量：文献回顾

关于金融稳定性的研究可以追溯到20世纪中期，但直到20世纪末的亚洲金融危机和21世纪初美国次贷危机的爆发，金融稳定性的度量及其与其他主要宏观经济变量之间关系的研究才开始受到各国学者的广泛关注。

目前，学术界关于"金融稳定"的定义仍然缺乏统一的界定，大体上可分为两大类别。第一类是从正面描述金融稳定的特征，例如，Mishkin（1999）认为金融稳定为一个金融体系能够确保持续地存在而不出现严重混乱，有效地分配储蓄和投资机会；Padoa-Schioppa T.（2003）将金融稳定看成一种状态，该状态下金融体系能抵御各种冲击而不会降低储蓄向投资转化的效率；Duisenberg（2001）认为金融系统稳定时其各个关键的要素都能运行良好且平稳。第二类是通过金融体系不稳定时所表现出来的特征对"金融稳定"进行间接描述：不存在金融不稳定。如Crockett（1996）将金融资产价格的波动或者金融机构无法履约这些特征描述为金融不稳定的诱导因素；Schinasi（2003）认为金融不稳定下，实物资产或金融资产相对价格变化会剧烈波动；Mishkin（1999）、Goodhart（2006）、Ferguson（2006）等学者也都从金融不稳定的角度给出了关于金融稳定内涵的阐述。

上述有关"金融稳定"界定方面的分歧，直接导致了关于金融稳定性定量估测方法上的显著差异，根据现有相关研究，金融稳定性的度量方法大致分为两类。

第一类是从正面描述金融稳定特征的指标体系构建法，这类方法强调金融体系中的关键要素均应处于良好的平稳状态，一般采用对一系列核心金融指标进行合成的方式对金融体系的稳定性状态进行度量。Demirg-Kunt 和 Detragiache（1998）通过多元计量模型回归有效地验证了部分经济指标与金融危机之间的相关性后，学者们开始用同样的简单核心指标度量金融稳定与否，而随着金融稳定分析框架的不断完善，这些核心指标开始将外生冲击、汇率、政府行为等新的元素加入，例如，Kaminsky 和 Reinhart（1999）的早期预警指标。然而遗憾的是，这些核心指标都是从发生危机的国家提取，并不具有普通性。为此，一些学者和机构开始寻求不同部门、不同市场的核心金融数据，例如，国际货币基金组织（IMF）于 2003 年发布的《金融稳健指标：编制指南》，以及 Goodhart 和 Hoffmann（2000）提出的金融状况指数。前者由于不同国家会计标准、数据统计口径等方面存在差异，许多基础核心指标数据在可获取性方面存在一定障碍；而后者无论是在指标可获取性还是计算方法上均简单易行，因而受到了国内外许多学者的推崇。例如，Angelopoulou 等（2013）构建了欧元区的金融状况指数，认为金融状况指数可以为货币政策的制定提供参考。蒋海和苏立维（2009）基于 17 个经济、金融指标，利用主观权重赋值法和主成分分析法合成出中国的金融安全指数；何德旭和娄峰（2011）运用主成分分析法将 11 个指标合成出中国的金融稳定指数；徐国祥和郑雯（2013）建立包含通货膨胀因素、利率、汇率、社会融资和股票价格在内的结构向量自回归模型，对中国 2006~2012 年之间的金融状况指数进行了度量。邓创等（2014）从 26 个金融指标中提取主成分信息，合成出中国的金融形势指数，并对其周期波动特征与宏观经济效应进行了分析。这些研究尽管得到了许多有关金融体系运行特征的有益结论，但仍然存在变量自相关等方面的问题，并且在金融稳定与脆弱之间的界定问题上仍然具有明显的主观性，因而无论是从指标选择还是从得出的研究结论来看，均远未达成一致。

第二类是从"金融脆弱"的视角出发度量金融体系的不稳定特征。Tsomocos（2003）和 Goodhart（2004）在讨论金融稳定研究的新视野时，强调了对风险进行度量的重要性，认为将个体机构的脆弱性拓展到整个金融市场，观察金融机构间的联动效应，才能更好地对金融动荡做出合理解释。事实上，包括违约概率模型、VaR 技术等在内的风险识别方法，都为全面评价金融脆弱性提供了可实现的研究路径。例如，Black 和 Scholes（1973）、Merton（1974）在研究期权定价理论时提出的未定权益分析方法（CCA），就是使用违约概率模型，立足于判断资不抵债的可能性，结合违约距离 DD 的一系列指标来度量系统性风险。Illing 和 Liu（2003）、Saldías（2013）等学者基于组合违约距离对金融系统性风险进行了度量，并进一步分析了系统性风险与宏观经济的关联。Krainer 和 Lopez（2008）讨论了股票市场信息的作用，认为这种信息包含投资者的预期因素，并发现债券等市场信息的变化与企业困境状态的变化密切相关。值得注意的是，Andrew 等（2013）通过信用风险模型研究思路提出用破产距离这一指标来近似衡量美国 1926 年以来的金融稳定性，金融市场的正常平稳运行主要体现在资产价格的平稳上,这一度量方法不仅考虑到了金融市场中的一类前瞻性信息——资产价格波动,而且更为重要的是它还反映了包括金融机构在内的各类企业财务数据,从违约概率的角度直观描述系统性风险。近年来,国内运用CCA方法识别金融系统风险的研究相对较少,例如,叶永刚和宋凌峰(2007)提出应综合运用VaR方法、CCA方法、资产负债表方法和蒙特卡罗模拟方法来探讨宏观金融风险的识别、度量及管理问题。

通过梳理有关金融稳定度量的文献,可以发现,基于核心经济金融指标的指数构建方法较为复杂且没有统一的框架,其可靠性仍待检验;而从系统风险的角度描述金融稳定状态建立在一系列的理论模型上,这种度量方法具有统一的数据来源和计算过程,度量结果具有一致性和可比性,但遗憾的是,大多数基于违约概率模型度量的对象都集中于银行系统的脆弱性上,银行系统只是金融系统的一个部分,随着金融自由化、全球化风潮的兴起,各方面冲击的影响使得对整个金融系统的风险积聚研究已不能仅仅局限于银行系统。结合以上研究,本文接下来将沿用Andrew等(2013)的研究思路,基于信用风险模型的CCA拓展方法,使用一个简单易解、理论上可行的实证方法,对中国1996~2013年的金融稳定性状态进行合理的度量,并在此基础上深入分析这一金融状态变量的波动特征,以及金融状态变量与主要宏观经济变量相互冲击的时变影响。

2 基于上市公司破产距离对中国金融稳定性的测度

鉴于数据可获取性等客观条件的限制,本文欲使用一个简单易解、理论上可行的实证方法,以描述在一个时期内中国金融稳定性分布。为了解决同样的问题,Andrew等(2013)通过总结Merton(1974)和Leland(1994)的信用风险模型,根据每家公司的股价波动数据,提出、验证并应用了破产距离DI(Distance to Insolvency)这一新的状态变量来近似衡量金融稳定性,并以此来拟合美国在20世纪的经济周期变化,发现DI所预警的破产危机与1926~2012年间的三次大萧条时间吻合。随后,通过展示这种测量方法与其他对于主流的实证测量财务稳定性的方法高度相关,来证明这种以股价为基础的测量是稳定的。这其中主流的测量方法有信用评级、期权调整债券收益差、信贷违约互换率、综合债券违约率、结构化信用风险模型中的DD等,而DI相对上述种种方法的优势在于它仅仅需要公司股价波动这一单一的数据,便于观察在很长一段时间内大部分公司的财务状况变化。因此,本文有意借用这一新的指标来测量中国金融稳定性的分布。

破产距离DI描述的是公司杠杆与资产波动的比率,其值越小,表示公司资产价值离破产点越近,出现资不抵债的概率越大。因此DI一方面在统计意义上总结了公司在未来破产的可能性,另一方面在经济意义上描绘了可能在公司进入财务困境时而加剧的股权激励作用扭曲。它可以简单地看成一个一维指数,在时间t时记作:

$$DI_t \equiv \left(\frac{V_{At} - V_{Bt}}{V_{At}}\right) \frac{1}{\sigma_{At}} \tag{1}$$

其中，V_{At} 表示公司资产未来现金流的市场价值，V_{Bt} 表示公司负债未来现金流的市场价值，σ_{At} 为 V_{At} 的瞬时波动标准差，即资产波动。由 DI 的定义可知，公司破产的可能性依赖于 V_{At} 与 V_{Bt} 的距离及公司资产价值的波动。

实践中，计算一家公司的 DI 是很困难的，因为 V_{At} 和 σ_{At} 不能直接观察得到数据，而 V_{Bt} 又受到因时间、国家、行业不同而产生的会计计量不一致的限制。为了解决 DI 计算问题，Andrew G. Atkeson 等（2013）根据 Merton（1974）和 Leland（1994）的信用风险模型总结并证明了如下两个命题：

命题一，在 Leland（1994）结构模型中，任何时点，一个公司的 DI 是有上界的，上界为其即时股价波动的倒数，即 $DI_t = \left(\frac{V_{At} - V_{Bt}}{V_{At}}\right) \frac{1}{\sigma_{At}} \leq \frac{1}{\sigma_{Et}}$；

命题二，在 Leland（1994）结构模型中，一个公司股权波动的倒数取值于这家公司的破产距离和违约边界之间，即 $DI_t \leq \frac{1}{\sigma_{Et}} \leq DD_t$。

综合上述两个命题可知，如果破产距离 DI 和违约边界 DD 很接近，那么公司股价波动的倒数 $1/\sigma_{Et}$ 将是对 DI 的精确测量。尽管由于数据获取等方面的困难，我们无法实证检验股价波动的倒数是否接近破产距离或者违约边界，但 Andrew 等（2013）的这一研究，仍然可以为我们提供度量金融市场稳定性的有用切入点，即根据股价波动倒数在横截面上的分布情况来描述某一时点的金融稳定性状态。利用这一方法对中国金融稳定性进行度量，首先需要解决的两个问题是：如何在一个有效样本下推断各上市公司财务稳定性的分布特征，以及这种分布特征是否可以作为总体宏观层面上金融稳定性的度量依据。

接下来，本文尝试利用标的股价历史波动率的倒数作为企业破产距离 DI 的近似度量，并考察其在横截面上的分布特征。具体的，我们根据 CSMAR 数据库 1996～2013 年沪深 A 股所有上市公司的日数据，在 Stata12.0 中进行处理后，最终计算出 1996 年 1 月～2013 年 12 月之间各月份所有样本企业 DI 的非平衡面板数据。为了清晰而全面地分析这些数据，我们利用百分位数对数据的分布情况进行了大致的描述（如图 1 所示）。从 DI 在 5%、25%、50%、75% 和 95% 分位数上的截点值可以看出，百分比截点值越高，DI 值的发散程度越大。直觉上，可以采用对数形式，让百分比截点的 DI 对数值更加均匀地分布。

我们希望对数化后的月度 DI 值服从某种特定分布，这样才能根据这一特定分布的核心参数，构造出用以衡量金融市场稳定性的时间序列指标。更进一步，关于对数正态分布的实证检验，考虑到样本量的大小，本文选用 Kolmogorov-Smirnov 检验，以样本数据的累计频数分布与特定理论分布比较，若两者间的差距很小，则推论该样本取自某特定分布簇。具体的，对于 Kolmogorov-Smirnov 正态性检验，假设 DI 的横截面分布是对数正态分布，那么根据每月的均值和标准差可得到一个标准化的量，即转换后 $N[(\log(DI_t) -$

$mean_t)/sd_t]$ 应该是收敛一致的,其中 $N(\cdot)$ 是累积函数的标准正态分布。

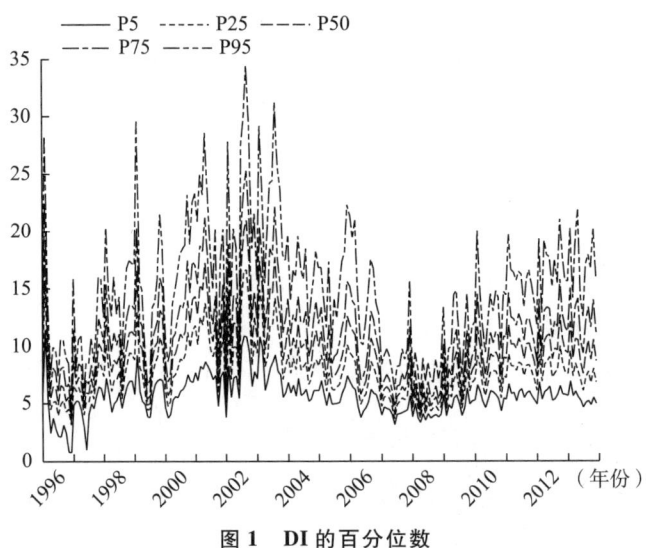

图 1 DI 的百分位数

图 2 描述了 1996~2013 年 DI 对数值在 5%、25%、50%、75% 和 95% 分位截点的分布情况,该百分位截点值根据百分位数和标准计分对比的方法计算得到:首先,计算得到 DI 对数转换后的值,即 DI 对数值;接着将 DI 对数值按正态分布标准化,再寻找以上 5 个超前百分位数对应的标准计分①,并将这一标准计分作为区间上限值,计算各月标准化量落在这一区间的比例;最后,将这一比例值与各自对应的百分位对比,观察偏离程度。如果对于 DI 服从对数正态分布的推断基本正确,那么各月累积概率的近似,不会偏离实际累计概率太远。从图 2 中可知,这一方法得到了有效的应用,在这 216 个样本中,这些比例值都基本稳定在各自对应的累积概率周围。因此可以推断上市公司的 DI 在每个月份的横截面上均大致服从对数正态分布。

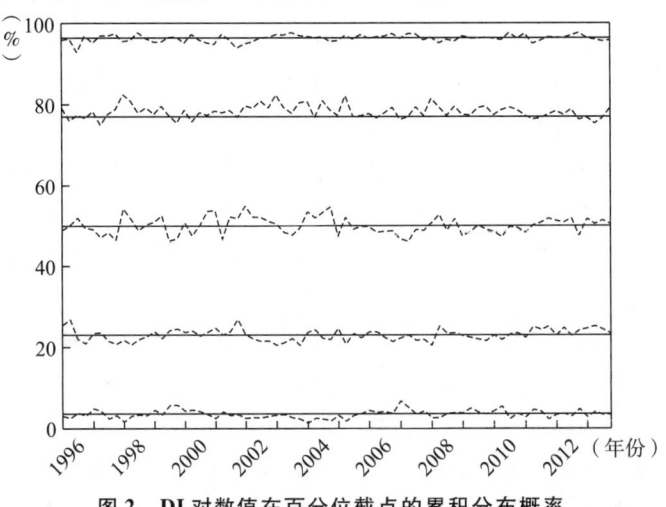

图 2 DI 对数值在百分位截点的累积分布概率

---

① 指观察值相对于平均数存在几个标准差。正态分布中每一个标准计分都与其特定的百分位数一一对应。

由于 DI 在横截面上服从对数正态分布,因此每个时点上整个金融市场的稳定性即可根据该时点 DI 对数分布的均值和标准差两个参数进行描述。在图 3 中可以看到,随着新的标的证券不断加入,DI 标准差(实线)的波动越来越小。特别值得注意的是,DI 标准差(实线)的变化明显小于 DI 均值(虚线)的变动,这意味着,DI 的对数值在横截面分布的变化主要是由均值变化导致的。为了进一步证明均值这一主导因素的作用,我们提取出对数 DI 每个月度 95% 分位数值,图 4 中记作真实值(实线);同时,假定所有样本中 DI 服从的对数正态分布的标准差是一个常数,即这 216 个分布的标准差均值(计算得到 0.4379),根据每月标准差和均值计算出近似的 95% 分位数值,即 $mean_t + N^{-1}(0.95) \times sd_t$。图 4 中,可以看到近似值(虚线)和真实值(实线)之间是十分接近的,这也进一步验证了 DI 对数值的大部分变化是由其均值的波动所引起的,因此,DI 在横截面上分布的均值变化可以为整个金融市场的稳定性变迁提供一个合理有效的描述。

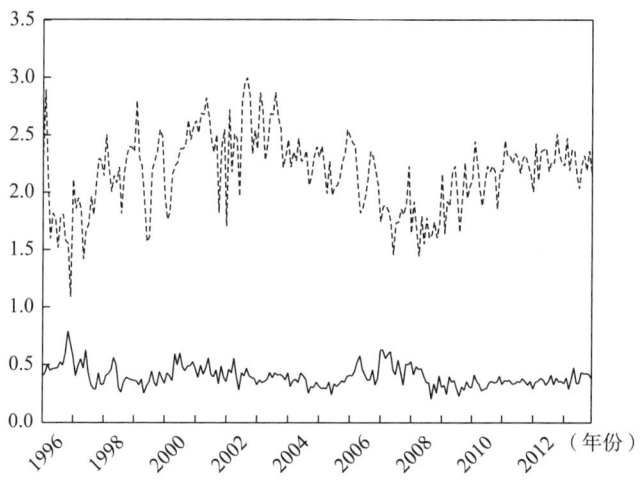

图 3　DI 对数的均值和标准差

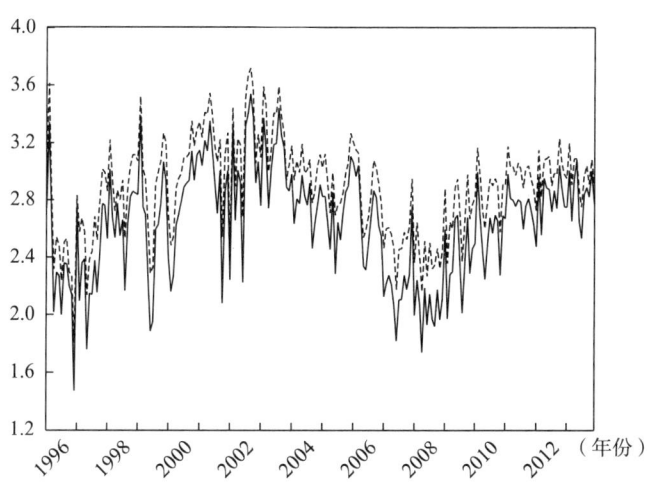

图 4　DI 对数 95% 分位的真实值与近似值

综上所述，我们以股价波动率的倒数近似计算出了中国上市公司的 DI，并检验发现所有时点下各上市公司的 DI 在横截面上均近似服从对数正态分布，这一对数分布的均值可以大致描述出 DI 的总体时变规律。可见，DI 对数均值这一时间序列指标不仅有助于揭示出全部上市公司信用评级的总体情况，而且可以帮助理解整个金融市场的系统性风险、对金融市场的稳定性做出合理的判断。

由于本文计算单个企业的 DI 时，并未对股票价格数据进行季节调整，得到的对数均值序列可能仍然存在季节性波动，为此我们在 Eviews 6.0 中运用 X_{12} 法对 DI 对数均值去除季节和不规则成分后，得到的趋势循环成分即可作为中国金融稳定指数的替代指标（图 5 中的虚线所示）。从图 5 中可以直观地看出，1996~2002 年期间，尽管在 1999 年出现了明显的波动，但是中国金融稳定指数整体上仍然表现出上升趋势，2002 年转为下降并于 2008 年底达到谷底，随后再次表现为持续上升，金融稳定性较低的两段时期为 1996~1997 年和 2007~2008 年，与近 20 年来中国股票市场的现实波动情况十分吻合。

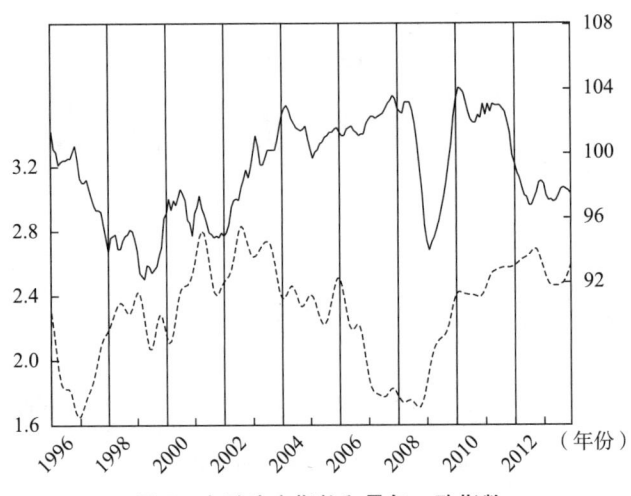

图 5　金融稳定指数和景气一致指数

图 5 中将金融稳定指数（虚线）与宏观经济景气一致指数（实线）的变动情况进行了对比，可以发现两者表现出较为相似的波动形态，例如，在 2001 年 4 月、2002 年 9 月、2006 年 1 月和 2010 年 2 月，金融稳定指数均达到极大值，而景气一致指数也分别在同一时期或者滞后几期到达峰值。当然，两者的波动特征也有一定的差异，例如，金融稳定指数在谷底的徘徊期相比于景气一致指数更长，以 2007 年金融危机时期为例，金融稳定指数于 2007 年年初开始先行下滑并与 2007 年年末跌入谷底，直到 2008 年年底才开始回升，而景气一致指数在 2008 年 6 月才开始跌落，并于同年底迅速回升。尽管如此，金融稳定指数与宏观经济景气一致指数之间仍然表现出显著的相关性，这不仅说明金融市场的波动包含了大部分宏观经济信息，两者之间具有十分密切的联动关系，而且也意味着金融稳定性可以成为进一步理解金融市场波动特征、分析宏观经济与金融稳定性之间的联动关系的重要依据和有用指标。

虽然由于样本长度的限制，我们无法从与宏观经济周期波动对应的角度去深入考察金融稳定性的周期波动特征，但金融市场作为宏观经济的晴雨表，金融稳定性的波动与通货膨胀、经济增长等主要宏观经济变量之间的影响关系，究竟存在什么样的阶段性差异和时变规律，仍然是一项值得深入研究的课题，为此，本文接下来将进一步利用时变参数向量自回归模型来探讨金融稳定指数与宏观经济目标变量之间的影响关系及其时变特征。

3 中国金融稳定性与通货膨胀率、经济增长率之间的影响动态

作为宏观经济的重要组成部分，金融市场一方面对实体经济起着必要的服务和支撑作用，另一方面也是积聚金融风险、传导和加剧经济波动的重要源泉。然而从现有相关研究来看，金融市场与通货膨胀率、经济增长率等宏观经济目标变量之间的关系尚未形成一致的结论，并且随着金融体制改革与宏观经济调控模式的变迁，金融状态变化对宏观经济目标变量的冲击也并非是一成不变的，因此时变框架下的影响关系研究更加具有实践意义。近年来一些学者研究表明，时变参数向量自回归模型（TVP-VAR）作为一种扩展的向量自回归模型，在保留传统 VAR 模型优点的同时，放松了模型系数矩阵和扰动项协方差矩阵非时变的约束，可以有效捕捉系统中的结构性变化及变量之间的非线性关系，为分离各变量对自身和其他变量冲击的时变反应提供了有用框架，因而对于分析经济中的各种时变特征具有明显优越性（邓创等，2013）。为此，本文在技术上也选用 TVP-VAR 模型，借助贝叶斯推断下的马尔科夫蒙特卡洛方法（MCMC）模拟出不同时期金融稳定性与通货膨胀率、经济增长率之间的影响动态，以揭示其时变特征。

3.1 数据处理与模型参数估计

由于中国尚未公布经济增长率的月度数据，并考虑到季度数据可以降低 VAR 系统的滞后阶数，减少待估参数和工作量，因此本文统一将前文得到的金融稳定指数、通货膨胀率数据利用季末取值的方法转变为季度数据①，样本范围为 1996 年第 1 季度 ~ 2013 年第 4 季度，各序列均经 X_{12} 方法进行了季节调整。

根据上述三个时间序列，本文构建出如下的 TVP-VAR 模型：

$$y_t = X_t \phi_t + \Gamma_t^{-1} \Sigma_t \varepsilon_t, t = s+1, \cdots, n \tag{2}$$

其中 y_t 是由 DI、通货膨胀率和经济增长率所组成的 3×1 维可观测向量，$X_t = I_3 \otimes (y'_{t-1}, \cdots, y'_{t-s})$，其中 $\otimes$ 为克罗内积算子。Γ_t 和 Σ_t 分别为 3×3 维的时变系数矩阵和协方差矩阵，ϕ_t 为经堆叠处理后的 $9s \times 1$ 维向量。式（2）中，时变系数 ϕ_t 表明变

---

① 通货膨胀率根据城镇居民消费价格指数（CPI）计算所得，经济增长率和 CPI 数据均来源于国家统计局网站（www.stats.gov.cn）。

量之间的滞后结构和影响关系是随时间而变化的,而时变矩阵 Γ_t 和时变协方差矩阵 Σ_t 则表明第 j 个变量冲击对第 i 个变量的影响也是随时间而变化的,这种变化既可以来自冲击大小的变动,也可以来自传导途径的改变,因而可以有效捕捉系统中出现的异方差现象和变量之间的非线性关系(邓创等,2013)。

对于上述时变矩阵中各元素的估计,我们沿用 Jouchi Nakajima 等(2011)的处理方式,记向量 $e_t = (\ln\sigma_{1t}^2, \ln\sigma_{2t}^2, \ln\sigma_{3t}^2)$,$r_t = (\gamma_{21,t}, \gamma_{31,t}, \gamma_{32,t})$,即分别对对角矩阵 Σ_t 和下三角矩阵 Γ_t 中的待估参数进行堆叠处理。并假定各参数向量服从以下随机游走过程:

$$\begin{aligned}\phi_{t+1} &= \phi_t + \mu_{\phi t},\\ r_{t+1} &= r_t + \mu_{rt},\\ e_{t+1} &= e_t + \mu_{et}\end{aligned} \begin{pmatrix}\varepsilon_t\\ \mu_{\phi t}\\ \mu_{rt}\\ \mu_{et}\end{pmatrix} \sim N\left(0, \begin{pmatrix}I & O & O & O\\ O & \Sigma_\phi & O & O\\ O & O & \Sigma_r & O\\ O & O & O & \Sigma_e\end{pmatrix}\right), t = s+1, \cdots, n \quad (3)$$

接下来对 TVP-VAR 模型的三个变量进行平稳性检验,ADF 单位根检验结果表明三个变量均为平稳序列,统计上符合 VAR 系统的建模要求。根据 VAR 系统中 SIC 准则的判断结果将 TVP-VAR 模型的滞后阶数 s 确定为 2 阶后,我们在 MATLAB 7.0 下利用 MCMC 算法对模型进行了 1000 次次预烧和 10000 次模拟抽样,得到的部分参数后验估计结果,如表 1 所示。

表 1 中的 Geweke 收敛诊断值(Convergence Diagnostics)用于测定预模拟得到的马尔科夫链是否收敛于后验分布,而无效影响因子(Inefficiency Factors)则是后验样本均值的方差和不相关序列样本均值的方差的比率,二者均为判断 MCMC 链模拟效果的重要依据。根据表 1 给出的估计结果可知,在 5% 的显著性水平下,模型参数基本上均没有拒绝收敛于后验分布的原假设。另外,除了 $(\Sigma_h)_1$ 以外,所有参数估计结果的无效影响因子都较小,对于后验推断而言是足够的。可见,统计诊断表明模型的估计是有效的,这也在一定程度上说明金融稳定性与通货膨胀率、经济增长率之间存在非线性的时变影响关系。

表 1 模型的参数估计结果

参数	均值	标准差	95%置信区间	Geweke 诊断值	无效影响因子
$(\Sigma_\beta)_1$	0.0096	0.0035	[0.0053, 0.0177]	0.996	22.17
$(\Sigma_\beta)_2$	0.0067	0.0018	[0.0041, 0.0109]	0.199	16.17
$(\Sigma_\alpha)_1$	0.0059	0.0019	[0.0035, 0.0109]	0.048	21.00
$(\Sigma_\alpha)_2$	0.0058	0.0082	[0.0032, 0.0103]	0.264	11.03
$(\Sigma_h)_1$	0.0071	0.0063	[0.0035, 0.0193]	0.147	130.67
$(\Sigma_h)_2$	0.0072	0.0047	[0.0035, 0.0223]	0.971	75.14

事实上,从金融稳定性与通货膨胀率、经济增长率三者的变化情况来看(图 6 所示),三者之间的关系的确也存在明显的阶段性差异。我们在图中用垂直分割线标示出

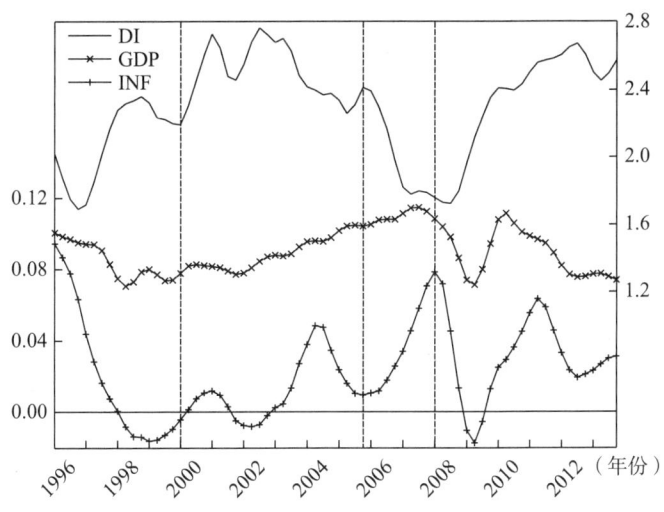

图 6 金融稳定指数、通货膨胀率和经济增长率

三个代表性的时点：2000 年第 1 季度、2005 年第 4 季度、2008 年第 1 季度，将样本区间分割为四个部分。从中国经济和金融发展的历史变革来看，2000 年之后的中国伴随着经济全球化、需求刺激，金融改革步伐不断向前迈进；2005 年股权分置改革，是金融市场发展变化的一个"分水岭"；2007～2008 年的全球性金融危机对实体经济产生了严重冲击。根据这三个分界点，我们发现四个子样本区间内，三者之间的联动关系发生了显著的变化：2000 年以前，经济稳定性指数基本与通货膨胀率和经济增长率呈反向的变动趋势，2000 年以后金融稳定性处于高位波动，通货膨胀率与经济增长率也表现出持续上升的势头；从 2005 年年末开始，金融稳定性指数开始急剧下降，而经济增长率和通货膨胀率依旧处于上升趋势；2008 年年初开始，金融危机对金融和实体经济的冲击影响开始显现，之后在一系列扩张性政策的刺激下，金融形势开始好转、经济步入后危机的复苏阶段，这一阶段中，金融稳定性指数与通货膨胀率、经济增长率之间的变动趋势尽管存在一定时滞，但和前三个阶段相比，相似性更为明显。由此可见，金融稳定性与通货膨胀率、经济增长率等主要宏观经济目标变量之间的影响关系并非是固定的，利用时变参数向量自回归模型考察三者之间的动态影响关系是极为必要的。接下来，我们将基于上述 TVP-VAR 模型的估计结果，利用时变脉冲响应函数对三者之间的冲击影响动态进行模拟分析。

3.2 宏观经济目标变量变动对金融稳定性的冲击影响

为考察不同时期宏观经济目标变量对金融稳定性的冲击影响，我们从前文所描述的四个样本区间内分别选择了四个不同的代表性时点：1997 年第 4 季度、2003 年第 3 季度、2007 年第 3 季度和 2010 年第 4 季度，以观察亚洲金融风暴时期、局部经济过热时期、全球性金融危机时期和后危机经济复苏时期下，通货膨胀率和经济增长率提高一个标准差大小对金融稳定指数的冲击动态，如图 7 和图 8 所示。

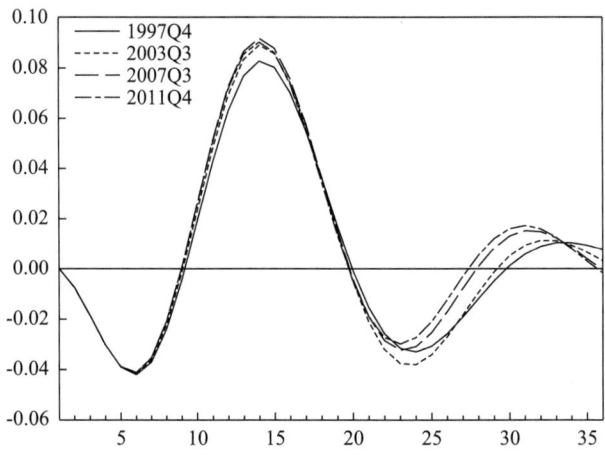

图 7　不同时点下通货膨胀率对金融稳定性的影响差异

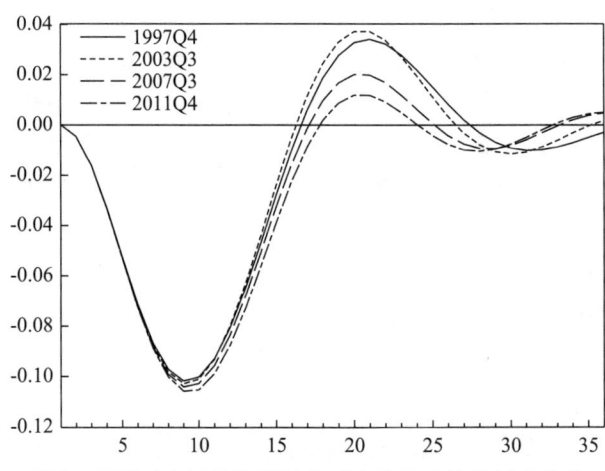

图 8　不同时点下经济增长率对金融稳定性的影响差异

从图中可以看到，对于通货膨胀率和经济增长率的提高，金融稳定指数均在一开始便做出了负向的反应。即随着通货膨胀率和经济增长率的上升，金融市场的波动加剧。然而值得注意的是，不同时点下金融稳定指数对通货膨胀率和经济增长率冲击的响应并未表现出显著差异，且相比之下，经济增长率对金融稳定指数的冲击影响要明显大于通货膨胀率的冲击影响，而且这种负向冲击的持续期也要更长。通货膨胀率对金融稳定性的负向冲击持续 2 年左右，并且在第 5 个季度时达到最大；而经济增长率对金融稳定性的负向冲击可持续 4 年左右，在第 9 个季度达到最大。由于 4 个代表性时点的冲击变化并不能完整地描述整个样本期间内宏观经济目标变量对金融稳定性冲击影响的动态演化过程，为此，我们进一步将通货膨胀率与经济增长率对金融稳定性冲击影响的滞后期约束为 1 年（实线）和 2 年（虚线），并在图 9 和图 10 中分别给出了整个样本期间内通货膨胀率和经济增长率对金融稳定性的冲击动态。

从图 9 中可以看出，通货膨胀率冲击在 1 年后对金融稳定性的影响几乎没有时变性，而 2 年后这种冲击影响尽管存在一定的变化，但也都基本接近于 0。这和 4 个代表性时点所反映的情况基本相符,即通货膨胀率对金融稳定性的负向冲击持续 2 年左右。而从图 10 来看,尽管经济增长率冲击在 1 年后对金融稳定性的影响没有表现出明显的时变特征,但这种负向影响在 2 年后表现出不断增强的趋势,根据 4 个代表性时点的脉冲响应图大致可以推测,经济增长率对金融稳定性的负向影响达到极大值的滞后时间正好在 2 年左右。可见,相比于通货膨胀率而言,经济增长率变动对金融稳定性的冲击影响更为持久,但无论是经济增长率还是通货膨胀率,对金融市场稳定性的影响都较为稳定,金融市场的波动可能更多地源自于金融市场本身或者其他外部冲击。

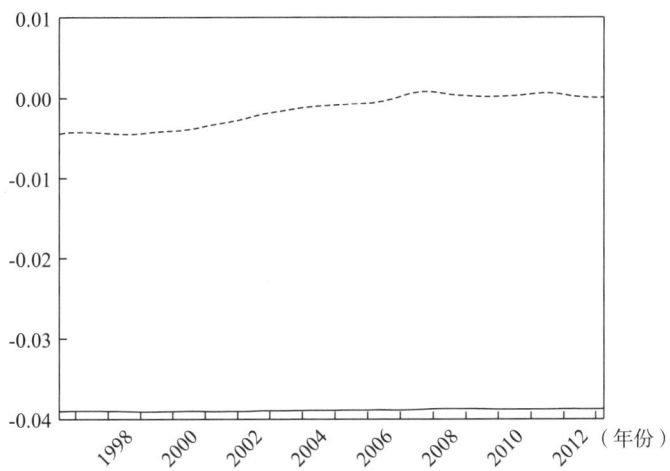

图 9 不同滞后期通货膨胀率对金融稳定性的影响动态

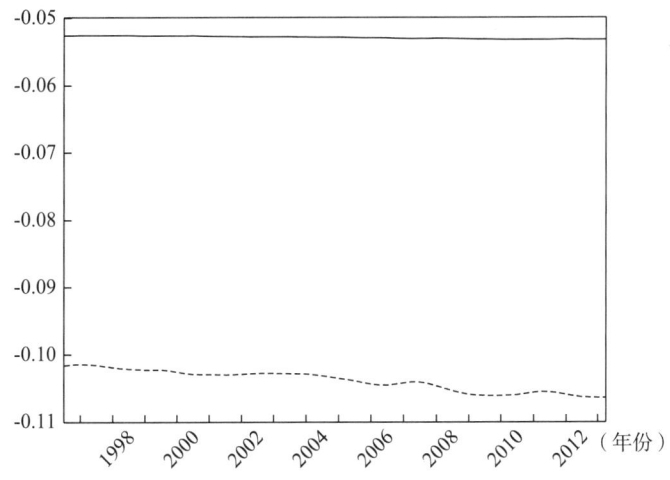

图 10 不同滞后期经济增长率对金融稳定性的影响动态

3.3 金融稳定性变化对宏观经济目标变量的冲击影响

反过来,我们考察金融市场波动对通货膨胀率和经济增长率的冲击影响。为便于比较,我们选取和前文一致的四个代表性时点进行观察,图 11 和图 12 分别描述了金融稳定指数提高一个标准差大小对通货膨胀率和经济增长率的影响动态。从图中可以看到，不同的代表性时点下，金融稳定性的变动对通货膨胀率的影响均在 2 年左右达到极大值，但无论是影响大小还是方向上均存在明显的时变性。1997 年和 2003 年两个时点下，金融稳定性对通货膨胀率一开始表现为明显的负向冲击，而 2007 年和 2010 年两个时点却表现为正向冲击。而金融稳定性变动对经济增长率的冲击影响，除了 1997 年在一开始出现了轻微的负向冲击以外，其余时点均为正向，其差异主要体现在极大冲击滞后期的变化上。另外，对比图 11 和图 12 可知，金融稳定指数对经济增长率的冲击影响要明显小于对通货膨胀率的冲击影响。

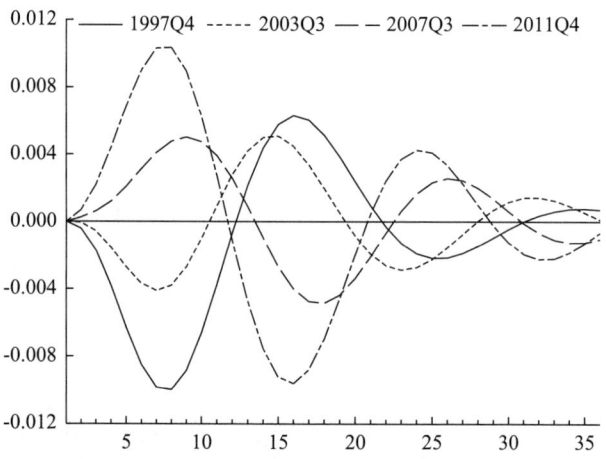

图 11 不同时点下金融稳定性对通货膨胀率的影响差异

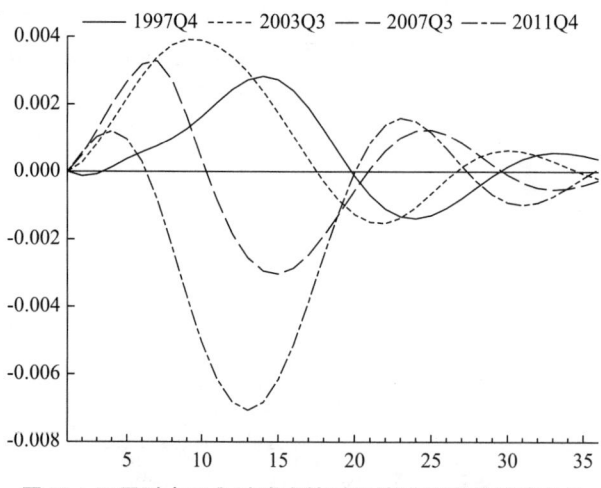

图 12 不同时点下金融稳定性对经济增长率的影响差异

鉴于金融稳定性的变化对宏观经济目标变量的影响在不同时点上表现出显著的差异，按照统一的滞后期考察金融冲击的影响动态可能会存在较大的偏差，为此，我们直接将整个样本时期内通货膨胀率和经济增长率对金融稳定性冲击的极大响应值及其对应的滞后期进行逐一挑拣并绘制在图 13 和图 14 中，以深入考察金融稳定性对宏观经济冲击的时变影响。

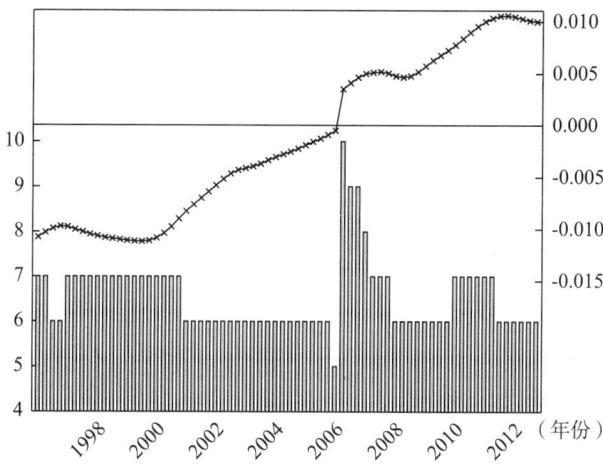

图 13　金融稳定性对通货膨胀率的极大冲击及滞后期

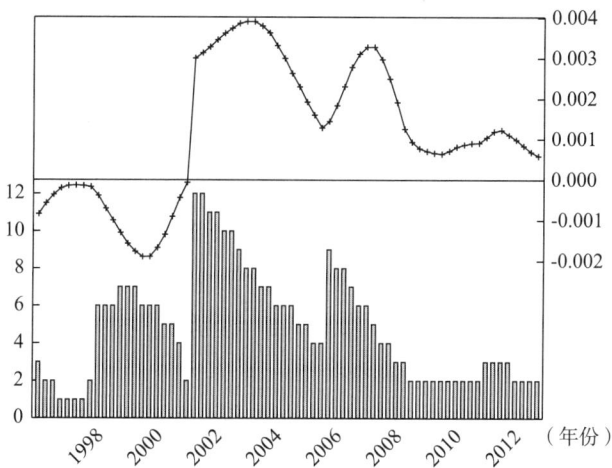

图 14　金融稳定性对经济增长率的极大冲击及滞后期

从图 13 和图 14 可以看出，金融稳定性对通货膨胀率和经济增长率的极大冲击的确存在显著的时变特征。

首先，极大冲击的方向具有时变性。在样本期内，通货膨胀率和经济增长率对于金融稳定性冲击的响应方向均经历了由负向到正向的转变过程，其中金融稳定性冲击对通货膨胀率的影响以 2006 年第 3 季度为分界点，对经济增长率的影响以 2001 年第 1 季度为分界点。结合 DI 的估计结果可知，自 1996 年开始中国金融稳定性便处于持续上升的态势，从低稳定性状态演变为高稳定性状态。然而尽管如此，由于此阶段中国经济有效需求明显不足，"低通胀"与"低增长"并存，而金融市场特别是股票市场还处于改革发展的初期阶段，此时所表现出的稳定性一方面难以催发市场活力，另一方面通过财富效应等渠道对投资和消费需求所产生的影响有限，因而并未对通货膨胀率和经济增长率起到正向的刺激效应。进入 21 世纪以来，中国金融市场开始步入深度发展阶段，金融监管体系不断完善，金融市场对宏观经济的传导效应逐步显现，金融市场的稳定性开始对经济增长率和通货膨胀率起到积极的推动作用，成为国民经济健康发展的重要条件。

其次，从极大冲击大小的时变特征来看，通货膨胀率对金融稳定性冲击的极大响应大体上呈稳定上升的趋势，而经济增长率对金融稳定性冲击的响应表现出明显的波动。实际上，我们从图13和图14中可以观察到，无论是通货膨胀率还是经济增长率，对金融稳定性冲击的极大响应均经历了4次"周期性"的波动（1996年第1季度~2000年第1季度、2000年第1季度~2005年第4季度、2005年第4季度~2008年第1季度、2008年第1季度~2013年第4季度）。这4次波动中，通货膨胀率对金融稳定性冲击的极大响应都表现为快速上升与缓慢上升的交替变换，而经济增长率对金融稳定性冲击的极大响应及其滞后期则均经历了类似于"谷－峰－谷"的转变。回顾中国金融改革的历程，冲击大小的每一轮上升背后都有重要的金融改革或政策调控背景。从1993年明确中国人民银行作为货币政策实施结构和金融监管机构开始，到1994年三大政策性银行成立，1995年金融体系的法制化、规范化建设，再到1996年正式开启农村金融体制改革，在这一系列金融改革举措的作用下，1996年中国股市步入稳定发展阶段，金融市场稳定性对宏观经济目标变量的促进作用呈明显上升趋势；1997年印花税上调，再加上亚洲金融风暴对国内金融市场的冲击，金融稳定性对通货膨胀率和经济增长率的影响作用转为下降；1999年5月上海期货交易所成立、《中华人民共和国证券法》正式实施，对资本市场的发展起到了巨大的推动作用，2000年初金融稳定性对宏观经济目标变量的推动作用开始迅速提高，到2003年中国银监会成立并启动国有商业银行股份制改革，这一推动作用达到"顶峰"。2003年下半年开始的局部投资过热、信贷增长过快，金融市场稳定对宏观经济特别是经济增长率的促进作用明显降低。2005年启动股权分置改革，成为金融市场发展变化的一个重要"分水岭"，金融稳定性对宏观经济的正向影响也开始了新一轮的上升过程。2007年美国次贷危机爆发，中国为应对此次金融危机的冲击，于2008年实现紧缩货币政策向适度宽松货币政策的转变，而此时金融稳定性对通货膨胀率与经济增长率的推动作用再一次由下降过程转为稳步提升。模型估计结果与历史事件的耦合，在一定程度上说明，中国近年来的金融体制改革不仅可以进一步完善金融体系，而且有助于肃清金融市场与宏观经济传导机制中的不正常因素，是提升金融稳定性宏观经济效应的重要催化器。

最后，我们对比图13和图14还可以发现，对于金融稳定性指数同样一个标准差大小的冲击，通货膨胀率的极大响应值及平均滞后期都要明显大于经济增长率。特别是在2007~2008年金融危机以后，金融市场的稳定性每提高一个标准差大小，对通货膨胀率的极大冲击超出对经济增长率的极大冲击近10倍，并且对应的滞后期也相差3倍（分别为6个季度和2个季度左右）。可见近年来金融稳定性对通货膨胀率产生的正向冲击影响要比对经济增长率产生的正向影响更显著、更持久，金融稳定性的"价格效应"明显大于"产出效应"。

4 结论

本文借鉴 Andrew 等（2013）的方法，在计算上市公司破产距离 DI 的基础上，利用 DI 的分布特征构建出中国金融稳定性指数，以此考察中国金融稳定性的波动态势，以及金融稳定性与宏观经济目标变量之间的时变影响特征。

分析结果表明，中国上市公司破产距离在横截面上近似服从于对数正态分布，并且对数正态分布的均值与宏观经济景气一致指数具有密切的关系，包含了重要的宏观经济信息。以此作为金融稳定性指数的代理指标，不仅可以合理度量中国金融市场稳定性的变化趋势，而且可以作为金融市场监管和宏观经济调控的有用依据。

为考察金融市场波动与宏观经济目标变量之间的联动关系，本文基于 TVP-VAR 模型模拟了金融稳定性与通货膨胀率、经济增长率之间的时变脉冲响应结果。分析得到的重要结论和启示如下，首先，通货膨胀率和经济增长率对金融稳定性具有稳定的负向影响，样本期内无明显时变特征。说明通货膨胀率和经济增长率的过快上升会加剧金融市场的不稳定性，因此在宏观经济调控过程中应加强对金融市场发展态势和波动情况的监测，在促进国民经济持续快速增长的同时，兼顾物价稳定和金融市场的稳定。其次，中国金融稳定性对宏观经济主要变量的冲击在大小、方向和滞后期上均有显著的时变特征，并且这些时变现象与中国金融改革和宏观调控实践之间存在密切的联系。这一方面表明近 20 年来中国金融改革举措和宏观经济调控政策的制定和实施对完善金融体系、金融—经济传导机制起到了积极作用，但另一方面，金融稳定性宏观经济效应的时变性也为正确分析金融传导机制、评估金融加速效应、科学制定金融改革和宏观调控政策等带来了困扰，因而现阶段在进一步深化金融改革、完善金融传导机制的同时，密切监测金融市场波动对宏观经济带来的动态效应是极为必要的。最后，近年来中国金融稳定性对经济增长率和通货膨胀率起到积极的推动作用，并且"价格效应"明显大于"产出效应"。因此在宏观经济调控政策、金融改革措施的制定和实施过程中，既要防范金融市场剧烈波动对经济增长所带来的不利影响，又要特别警惕金融市场稳定性提高对通货膨胀的刺激和加速作用。

尽管本文的研究验证了中国金融稳定性指数测量结果的合理性和有用性，并通过分析金融稳定性与宏观经济目标变量之间的时变影响关系，得到了有关中国金融改革和宏观经济调控的有益启示，但作为阶段性尝试，本文仍然存在许多不足之处，例如，文中关于金融稳定性的度量仅限于对股票市场波动信息的分析，没有在加入债券市场和货币市场等其他金融市场信息后对测量结果进一步进行稳健性检验；关于金融和经济之间的动态影响关系也未能从冲击渠道等方面进行深入分析；等等。这些将是我们未来研究的重点。

参考文献

邓创，席旭文. 2013. 中美货币政策外溢效应的时变特征研究. 国际金融研究，(9)：10–20.

邓创, 徐曼. 2014. 中国的金融周期波动及其宏观经济效应的时变特征研究. 数量经济技术经济研究, (9): 75-91.

何德旭, 娄峰. 2011. 中国金融稳定指数的构建及测度分析. 中国社会科学院研究生院学报, (4): 16-25.

蒋海, 苏立维. 2009. 中国金融安全指数的估算与实证分析: 1998-2007. 当代财经, (10): 47-53.

王妍, 陈守东. 2014. 系统性金融风险研究——基于金融不稳定的视角. 数量经济研究, (9): 12-21.

徐国祥, 郑雯, 2013. 中国金融状况指数的构建及预测能力研究. 统计研究, (8): 17-24.

叶永刚, 宋凌峰. 2007. 宏观金融风险分析最新进展. 经济学动态, (5): 75-78.

Andrew G. A., Andrea L. E., Pierre-Olivier W.. 2013. Measuring the Financial Soundness of U. S. Firms, 1926-2012. NBER Working Paper, No. 19204.

Angelopoulou E., Balfoussia H., Gibson H.. 2013. Building a Financial Conditions Index for the Euro Area and Selected Euro Area Countries: What Does It Tell Us about the Crisis? European Central Bank Working Paper series, No. 1541.

Bernanke B.. 2009. Financial Reform to Address Systemic Risk. Speech at the Council on Foreign Relations, Washington, D. C., March 10.

Black S., Scholes M.. 1973. The Pricing of Corporate Options and Liabilities. *Journal of Political Economy*, 81 (3): 637-654.

Ĉihák M., Schaeck K.. 2007. How Well Do Aggregate Bank Ratios Identify Banking Problems. IMF Working Paper, No. 275.

Crockett A.. 1996. The Theory and Practice of Financial Stability. *Economist*, 144 (4): 531-568.

Demirgüç-Kunt A., Detragiache E.. 1998. Financial Liberalization and Financial Fragility. World Bank Publications.

Duisenberg W. F.. 2001. The Contribution of the Euro to Financial Stability. In: Globalization of Financial Markets and Financial Stability—Challenges for Europe. Baden-Baden, 37-51.

Ferguson R. W.. 2006. Thoughts on Financial Stability and Central Banking. At the Conference on Modern Financial Institutions, Financial Markets, and Systemic Risk, Federal Reserve Bank of Atlanta, Atlanta, Georgia. April 17.

Goodhart C.. 2004. Some New Directions for Financial Stability? in his Per Jacobsson Lecture. Bank for International Settlements.

Goodhart C., Boris H.. 2000. Do Asset Prices Help to Predict Consumer Price Inflation. Manchester School (Supplement), 68: 122-140.

Goodhart C., Sunirand P., Tsomocos D. P.. 2006. A Time Series Analysis of Financial Fragility in the UK Banking System. *Annals of Finance*, 2 (1): 1-21.

Houston J., Lin C., Lin P., Ma Y.. 2010. Creditor Rights, Information Sharing, and Bank Risk Taking. *Journal of Financial Economics*, 96 (3): 485-512.

Illing Ma, Liu Y.. 2003. An Index of Financial Stress for Canada. Bank of Canada Working Paper, No. 14.

Kaminsky G. L., Reinhart C. M.. 1999. The Twin Crises: the Causes of Banking and Balance-of-payments Problems. *American Economic Review*, 89 (3): 473-500.

Krainer J., Lopez J. A.. 2008. Using Securities Market Information for Bank Supervisory Monitoring. *International Journal of Central Banking*, 4 (1): 125-164.

Laeven L., Levine R.. 2009. Bank Governance, Regulation and Risk Taking. *Journal of Financial Economics*, 93 (2): 259-275.

Leland H. E.. 1994. Corporate Debt Value, Bond Covenants, and Optimal Capital Structure. *Journal of Finance*, 49 (4): 1213 – 1252.

Merton R.. 1974. On the Pricing of Corporate Debt: The Risk Structure of Interest Rates. *Journal of Finance*, 29 (2): 449 – 470.

Minsky H.. 1982. The Financial Fragility Hypothesis: Capitalist Process and the Behavior of the Economy// Kindleberger C. P., Jean-Pierre Laffargue, *Financial Crises*. Cambridge University Press: 23 – 35.

Mishkin F. S.. 1999. Global financial instability: framework, events, issus. *The Journal of Economic Perspectives*, 13 (4): 3 – 20.

Nakajima J., Kasuya M., Watanabe T.. 2011. Bayesian Analysis of Time-varying Parameter Vector Autoregressive Model for the Japanese Economy and Monetary Policy. *Journal of the Japanese and International Economies*, 25 (3): 225 – 245.

Padoa-Schioppa T.. 2003. Central Banks and Financial Stability: Exploring the Land in between. *The Transformation of the European Financial System*, 269 – 310.

Saldías M.. 2013. Systemic Risk Analysis Using Forward-looking Distance-to-Default Series. *Journal of Financial Stability*, 9 (4): 498 – 517.

Tsomocos D. P. 2003. Equilibrium Analysis, Banking and Financial Instability. *Journal of Mathematical Economics*, 39 (5): 619 – 655.

农户安全施用农药的意向表达及行为逻辑研究

——基于 Fishbein 模型和五省 986 个农户的微观调查数据[*]

王建华[1,2,3]　邓远远[3]　吴林海[1,2,3]

1. 江南大学,江苏省食品安全研究基地,江苏,无锡,214122;
2. 江南大学,食品安全与营养协同创新中心,江苏,无锡,214122;
3. 江南大学商学院,江苏,无锡,214122)

摘要: 农产品作为食品供应链的源头,其质量安全关系到每一个人的身体健康及生命安全。而不断发生的农产品安全风险事件将农产品安全问题推向社会舆论的焦点,引起社会的普遍恐慌。影响农产品质量安全的因素复杂多样,其中农药的不合理施用,是威胁农产品质量安全的最主要因素之一。基于这些认识,本文以费希宾合理行为模型为支撑,以江苏、山东、浙江、黑龙江和河南五省的 986 个农户的调查数据为依据,运用结构方程模型对调查所得数据进行分析,试图构建一个包括残留认知、风险感知、行为态度、主观规范和安全施药意向在内的概念模型。通过研究发现,农户施药行为态度对行为意向的影响程度最大;残留认知直接影响行为意向,同时也作用于行为态度,主观规范间接影响行为意向;风险感知与残留认知的相关性较高;主观规范在一定程度上影响个人态度。在结论的基础上文章提出相应的优化路径。

关键词: Fishbein 模型　农户施药行为　结构方程

---

[*] [基金项目]:2014 年度国家社科基金重大项目"食品安全风险社会共治研究"(项目编号:14ZDA0690);江苏高校哲学社会科学优秀创新团队建设项目"中国食品安全风险防控研究"(2013-011);教育部人文社会科学研究规划基金项目"基于不同类型农户生产经营行为的农产品安全生产模式研究"(13YJA630087)。
[作者简介]:王建华(1979-),江南大学商学院副教授,博士,硕士生导师,主要研究方向为食品安全管理与农业经济;邓远远(1993-),江南大学商学院硕士研究生,主要研究方向为食品安全管理与农业经济;吴林海(1962-),江南大学商学院教授,博士生导师,江南大学江苏省食品安全研究基地首席专家,主要研究方向为食品安全管理与农业经济。

Research on Intention and Behavior Logic of Farmer's Pesticide Behaviors Safely
—Based on Fishbein Model of Reasoned Action and the Survey Data of 986 Farmer Households

Abstract: Agricultural products is the source of food supply chain, the quality and safety of it in relation to each person's health and life safety. The ongoing food safety risk events push the security problems of agricultural products to the important issue, caused social widespread panic. The factors influencing the quality and safety of agricultural products is complicated. Pesticide unreasonable application was the threat of the quality and safety of agricultural products. For the above-mentioned recognition, the paper is based on Fishbein model of reasoned action, with household survey data from 986 farmers in Jiangsu, Shandong, Zhejiang, Heilongjiang and Henan Province. The structural equation model method is adopted to analyze, and seek to build a conceptual model which include pesticide residues perception, perceived risk, attitude, subjective norm and behavior intention. The results show that attitude towards pesticide application seriously influence behavior intention. Pesticide residues perception influence their behavior intention directly, meanwhile it act on attitude、subjective norm, and influence their behavior intention indirectly. There is a high correlation between perceived risk and pesticide residues perception. Subjective norms affect the personal attitude in a certain extent. On the basis of the conclusion, the article put forward the corresponding optimization path.

Key Words: Fishbein Model of Reasoned Action Pesticide Application Structural Equation Model

1 问题的提出

在我国农药施用总量逐年递增而耕地面积逐年递减的双重力量推动下,单位面积土地的农药施用量呈现逐年递增的趋势。这一情况除了与应对农药外部性产生的病虫害抗药性相关外,农户施药过程中不规范的施用行为更难辞其咎。实际上,对于农药的不规范施用问题,各国政府都分别采取了措施加以控制。1996年,丹麦引入了农药税,施用农药的税率高达54%。2006年,日本推出了《食品中残留农药化学品肯定列表制度》,大幅增加残留农药的限量指标,这些举措均取得了良好的效果。同时,为了改变这一状况,我国政府也采取了系列性的治理措施。2002年,农业部开始在全国范围内全面推进"无公害食品行动计划",推行了无公害农产品认证制度;2006年全国人大常委会颁布了《中华人民共和国农产品质量安全法》;2010年农业部成立了国家农药残留标准审评委员会。随着《农药管理条例》等法律法规及其系列配套规章陆续完善,覆盖的农药种类越来越全面,残留限量标准和残留检测方法标准也更趋严格。

2015年国务院通过了《全国农业可持续发展规划》，并制定到2020年农药零增长的目标。这些措施对控制农药残留和推动农产品安全均取得了一定成效。但是，农户在农产品生产过程中不按剂量、不按周期、不按说明等一系列不规范的农药施用行为导致的农产品安全风险事件依然层出不穷，例如，2015年3月山东青岛西瓜农药"涕灭威超标事件"，2014年4月沈阳"毒豆芽事件"，2013年5月湖南"大米镉超标事件"及2013年5月山东潍坊农户施用剧毒农药"神农丹"种植生姜事件等，这一系列的农产品安全风险事件一次次将农产品安全生产推向社会舆论的焦点。为厘清农户农药施用的行为逻辑，有效规避农产品安全风险，消除民众对农产品安全的心理恐慌，本文以实证调查的形式对农户农药施用行为展开深入研究，具有较强的理论意义和现实意义。

2　文献回顾与评述

（1）农户农药施用的理论参照与行为选择。农户在农业生产过程中的资源配置和生产要素投资决策等方面，出于经济理性的考量，通常以追求自身利益最大化为目标。但是因为经营规模较小、市场不确定性等因素的存在，农户在决策时往往会由理性开始却结束于非理性。王华书（2004）研究发现，市场体系发育的不完全阻碍了农产品质量信号的传递，造成农产品优质不优价，从而增加了农户在生产中过量施用农药的机会主义行为。郑龙章（2009）指出缺乏足够的内部激励和外部约束是造成农户种"两垄菜"、养"两圈猪"、生产"两种茶"的主要原因。另外，农户对农药认知能力的欠缺，导致其在施药时往往担心效果不到位，更期望一次施药解决多种问题，于是在生产过程中就出现了不根据病虫害发生的实际情况而滥用农药的现象。来自农药施用农户群体的调查报告指出：虽然农户也会关注农药毒性的高低，但农药价格依然是农民购买农药关心的重要因素。农户施用农药后主要根据作物成熟程度的主观判断决定收获时间，只有20%的农户会严格遵照农药标签上的安全间隔期确定农产品收获时间。传播学的理性行为理论认为影响农民接受新技术的行为有两点，一是对这个行为的认知反映，二是在这一行为中可能受到的影响。林毅夫（1998）认为农民是否采用安全生产技术受到学习新技术的成本及采用新技术的预期收益和预期风险程度两个因素的共同影响。岳跃（2006）指出目前中国农户具有明显的二重性：一是作为理性的"经济人"，经济动因决定着中国农户经济行为的短视性；二是作为"有道德的理性人"，受到伦理道德观念的约束。林海（2003）认为影响农户经济决策机制的因素是多方面的，其中利益、风险、资金和技术是影响农民经济行为的直接因素，而信息、竞争、政策和环境是影响农民经济行为的间接因素，即农民经济行为的决策机制是在利益－风险斗争的动态过程中实现的。

（2）农户农药施用的动力分析及影响因素。农户对农药污染的认识越深入，其积极的生态行为响应程度越强。清楚地意识到农药产品的高毒性的农户倾向于合理用药。孙菁等（2012）研究发现农户教育程度越高，越能意识到农药暴露风险，选择立即停止喷药的趋势越明显。技术信息知识越丰富，越有利于减少农药的施用量；风险规避程度越高，越会引起施药风险行为及偏差，导致施用量过高。农户安全施用农药行为受到农药知识技术培训、对农药残留的认知、政府监管力度、信息获取渠道和对农药三证认知的显著影响。王永强（2013）研究发现，果蔬种植户的文化程度负向影响其过量配比行为，而风险厌恶程度与其过量配比农药行为成正比。娄博杰等（2014）认为农户的种植规模对其施用高毒农药有着显著影响。并分析指出种植面积较大的农户，在生产过程中的资源投入较多，其不规范的农药施用行为导致的经济风险更大，因此在施药决策时更加谨慎。张晓凤等（2010）研究指出户主年龄、居住地到中心城市的距离显著影响农户对无公害农药的认知；无公害农药的价格、土地的获得成本、市场检测等直接决定其无公害农药的购买意愿。农业保险购买决策会引起农用化学品施用决策的变化，同时，农用化学品决策的调整也会影响到农业保险的购买决策，即农用化学品施用与农业保险购买相互影响。李光泗等（2007）研究显示无公害农产品认证制度在一定程度上减少了农户农药的施用量，但影响程度并不显著。

（3）农户不同类型生产行为的偏好与决策。对农户不同生产行为的研究也为本文的研究提供了一些思路。周洁红等（2007）在调查蔬菜种植户质量安全追溯参与意愿的影响因素中发现对追溯的认知和风险预期都是显著性变量。农户农产品供给行为作为一种经济行为，它既受到农产品价格、农产品成本、风险等经济因素的影响，又受到政策法规、中介组织、社会舆论等社会因素的制约。农户对安全蔬菜的预期收益越高、政府的规制力度越大，其对蔬菜质量的控制水平越高。且农户的不同收益预期和不同的行为意向综合作用于农户安全蔬菜供给决策。周峰等（2007）利用实证研究的方法，对无公害农产品生产者道德风险行为进行计量分析，得出对食品安全的担心、对监管和违反标准生产处罚的了解程度是影响无公害农产品生产者道德风险行为的主要因素。在对不同收入水平农户的无公害蔬菜生产技术"知识-态度-行为"的分析中显示高收入农户对无公害生产技术持有积极的态度进而最终采用技术的比例明显高于低收入农户。

综上分析可知，现有研究为本文的研究提供了一定程度的文献支持。但依然存在以下几点问题：①现有研究大都停留在宏观定性方面，缺乏有效的实证计量分析。农户施药行为所受的各影响因素的影响程度和方向没有经过计量分析，对行为意愿的解释和预测力不强；②影响农户施药行为的因素纷繁复杂，但将这些因素加以归纳，并进行深入研究的较少；③现有的农药施用行为研究主要是从农户的自身特征、家庭禀赋和政策监管等方面选取变量，忽略了心理认知状况也是造成农户施药行为的复杂性和多样性的因素。因此，本文希望通过费希宾合理行为模型和结构方程模型等方法对研究对象、研究范围等做出新的有益探索。

3 模型选择与研究假设

3.1 模型选择

费希宾（Fishbein）合理行为模型亦称多属性态度模型。费希宾认为先前的模型并不能够很好地预测和解释行为，并且难以测量，因此其以 Dulany 的理论为基础提出了合理行为模型。模型假设实际行为是形成某种特定行为意向的结果,模型并不能直接预测行为,而是指明其行为意向。针对模型中的每一个概念,Fishbein 和 Ajzen 都给出了明确的定义和测量方法。行为意向取决于两个主要因素,即个人态度和社会规范。可以用方程(1)来表示:

$$B \sim BI = [A_{act}]w_0 + [SN]w_1 \quad (1)$$

其中,B 表示行为;BI 表示行为意向,即个体对执行某特定行为的意愿,例如,本文中农户施药行为,农户可能对安全施药有着强烈的意愿,那么在实际生产中很可能将此意愿付诸行动;A_{act} 表示对某一行为的态度,行为态度是个体对执行某特定行为喜爱或不喜爱、正面或负面的评估;SN 指主观规范,是指他人对个人采取某项特定行为时的约束;w_0 和 w_1 分别代表行为态度和主观规范两变量的权重,根据产品、社会氛围、情境的不同而有所区别。

Ajzen 等人认为态度的形成可以从个人实行某特定结果的重要信念和对结果的评价两个层次加以解释。如公式(2)所示:

$$A_{act} = \sum_{i=1}^{n} B_i E_i \quad (2)$$

其中,B_i 指某人对特定行为会产生结果 i 的可能性的信念;E_i 指这个人对行为结果 i 的评价;i 指信念的总数。

主观规范指决策主体认为"重要他人"认为他是否应该执行某项行为可能性的信念。所以主观规范是规范信念和依从动机的积和。SN 可以用公式(3)来表示:

$$SN = \sum_{j=1}^{m} NB_j MC_j \quad (3)$$

其中,NB_j 是规范信念,指行动者关于参照群体或个人 j 认为行动者是否应该执行特定行为可能性的信念。MC_j 代表服从 j 总的期望的动机,即在多大程度上去遵从参照群组的看法或意见。m 是参照群体或个人的个数。

事实上,该模型已被广泛运用在不同领域的社会行为中,并得到了有效验证。Yakov 和 Burstein(1976)基于该模型预测出版行为,分析显示可能是对于出版刊物的不同态度、面临的压力、遵守规范程度导致不同层次学校的出版率的差别。William 等(1983)基于该模型对保险购买意愿进行了研究,指出人们对于购买保险的消极评价、缺乏兴趣和认知阻碍了其购买保险。由于合理行为模型的一个重要应用前提:决策遵循理性,而许多行为受到现实环境的左右并不能达到理想的条件。因此许多学者在应用该模型时,都引入了新的变量,对其作一些修正。李东进等(2007)将国家形象作为新的变量引入合理行为模型,验证了合理行为模型有着较好的扩展性。李宝库等(2015)以农村消费者为研究对象,将化肥产品的二维属性引入合理行为模型。为了解中国消费者礼品的购买心理,打开礼品消费行为的"黑箱",何小洲等(2014)在 Fishbein 合理行为修正模型的基础上,引入礼品功能价值和形象价值两个变量构建礼品购买意向模型。

3.2 假设提出

为了达到本文的研究目的，根据对相关文献的归纳总结，本文运用费希宾（Fishbein）合理行为模型将对农药残留不规范施药行为的风险感知纳入分析框架中，试图构建一个包括残留认知、风险感知、行为态度、主观规范和安全施药意向在内的概念模型，利用结构方程模型将各因素转化为潜在变量，进行实证检验，探求重要变量对农户施药行为意向的影响。

本文提出假设：Fishbein 合理行为模型适用于农户安全施药意向。

Abhilash 等（2009）发现，印度农民经常过量施用农药，并且盲目地混用农药，这些在很大程度上是由于当地农户对农药的施用有着错误的认知。黄祖辉等（2005）对茶农采用安全农药的影响因素进行分析，认为茶农采用无公害及绿色等安全农药行为受到茶农对农药的认知程度的影响。侯博等（2010）认为若农户对于农药残留有较高的认知水平，则其在施药过程中会自觉主动地规范施药，反之，倾向于随意盲目的用药。农户对安全生产认知水平越高，则其更了解安全生产的重要意义，因而生产农产品时更愿意遵守安全生产规程。因此假设农户对农药残留认知越深入，其安全施药态度将会更加积极，主观规范对其影响增加，行为意向更加偏向于安全施药。因此，我们形成如下假设。

$H1$：农户关于农药残留认知对行为态度有正向影响；

$H2$：农户关于农药残留认知对主观规范有正向影响；

$H3$：农户关于农药残留认知对行为意向有正向影响。

农户施药的风险感知主要体现在未来的不确定性与操作不规范导致自身利益受损。风险感知属于心理学范畴，指个体对存在于外界的各种客观风险主观上的感受和认识，基于客观事物的感知必然影响对待客观事物的态度。农户的主要经济目标是增加收入，降低风险有利于保证农户获得利润，是农户的经济目标之一。由于我国农户生产规模普遍比较小，抵御外界风险的能力较弱，所以一般认为农户是风险规避者，农户对于风险的预期对于其行为和意愿非常重要。农民会根据不同农药施用结构和水平而做出不同的效益评估，当估算施用农药行为的决策产生的效益不能反映其成本，就会感知到风险。因此，我们形成如下假设。

$H4$：农户关于施药风险感知正向影响其行为态度；

$H5$：农户关于施药风险感知正向影响主观规范；

$H6$：农户关于施药风险感知正向影响安全施药意向。

安全施药有着很强的外部正效应。周洁红（2006）认为如果菜农对质量安全控制行为有端正积极的态度，便会有更高的可能性实施质量安全控制行为。对食品安全状况担心的农户，其在无公害蔬菜的生产过程中会更倾向于遵守生产标准。Luiza Toma 等（2007）研究表明对环境的关注和积极的环保态度对农户采取有机生产行为有显著影响。陈雨生等（2009）认为农户对无公害农产食品的获利态度影响其生产意愿。因此，我们形成如下假设。

*H*7：农户施药行为态度影响安全施药意向，且两者是正相关关系。

每一个农户都不是孤立存在的，在进行决策时，基于规避不确定性和产生归属感的考虑，为了维持与群体间的满意关系，总会自觉或不自觉的接受一些他人的意见和建议以供参考，这些意见和建议有时会直接影响到决策的制定，有时通过影响个体态度间接影响决策。研究发现，农户在强大的社会规范和熟人机制的影响下，采用羊群行为来寻找安全感。农户安全生产的主观规范主要体现在农户在决定是否安全生产时所感知到的压力，反映的是周围的亲朋好友及其他外围因素对其行为选择的影响。政府的监管和引导会增加不安全生产的成本，在一定程度上对安全农产品的生产有刺激作用。农户在生产决策时，往往参照周围农户的决策。马晓辉（2012）在研究消费者安全食品购买意向时将主观规范分为重要的人、媒体、风俗习惯、国际法律等部分。本文农户安全生产行为的主观规范主要来自法律法规、政策制度、家人和同行等。因此有：

*H*8：农户关于安全施药的主观规范影响其安全施药意向，且两者是正相关关系；

*H*9：主观规范会对农户施药行为态度产生正向的影响。

风险感知和残留认知并不是一个单维度量表上的两个极端，对于一种生产行为而言，二者只是孰轻孰重的问题。一般而言，当对一事物的认知提高了，其风险感知水平也会相应增加。因此，我们形成如下假设：

*H*10：农户的残留认知与风险感知正相关。

综上所述，本研究的概念模型如下：

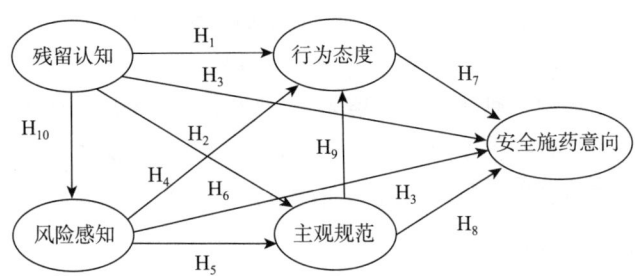

图 1 农户安全施药意向的概念模型

4 数据来源与基本特征分析

4.1 数据来源

在问卷调查过程中，样本的选择无疑会影响到实证分析的结果。在进行样本的选择时，首先要确保在研究主题的范围之内，其次要保证充足的样本量，并且样本有着研究范围内所允许的尽可能多的构念特征。农作物种植户是农药施用的主体。鉴于时间、精力和财力的限制，调查到每一位潜在农户是不现实的，只能选择农户中的一部分作为调查样本，为保证研究结果的真实性，所选择的样本需要具有代表性。在选择样本点时，基于以下两点考虑：一是研究区域内农业资源丰富，在农药施用量上居高不下；二是兼顾农业区位经济发展水平等的不同，有利于全面的深入的了解农户安全施药的影响因素。基于此，本文采用多阶段抽样方法确定样本农户。一对一访谈的方式进行调查，问卷的填写对象是在家庭中主要从事施药行为的成员。在访谈和问卷调查中通过发放问卷补贴调动大家参与调查的积极性。同时，为了避免农户为了彰显自我的效能而对问题答案选择与实际情况反映并不符合的情况存在，我们邀请村长等向大家承诺本次调查只是为了科研，另外表达调查队对其真实的参与的感激和极大的兴趣。调查内容涵盖了本文所需的数据，潜变量及前向可观测变量均采用李克特（5 - Likert）五点量表，对 1~5 的选项分别赋值，随着数值的递增，所代表的倾向由弱至强。本文使用相似题项的问卷设计来测度某一问题，以提高测量的准确度。本次调查共发放问卷 1000 份，通过整理和分析最终得到有效问卷 986 份。样本数据如表 1 所示：

表 1　样本农户地区分布情况

省	县（市、区）	乡镇名称	样本农户数量
河南省	泌阳　南阳　内黄　唐河　巩义市	芝田　城关　杨集　站街　回郭　安鹏　埠江　官庄	197
黑龙江省	甘南　哈尔滨　尚志县　绥化市	中兴　幸福　康金　元宝镇　北林区	208
江苏省	淮安　无锡　丹阳　溧水	鹅湖　凌桥　东屏　埠城　柘塘　群力	200
山东省	郯城　牟平县　淄博　诸城县	褚墩镇　昌城镇　玉林店镇　周村镇	183
浙江省	长兴　常山　东阳　海盐	雉城　下箸　李家巷　吕山　界上虞　新昌	198

4.2　调查数据的基本特征

在调查的农户中，男性占 59.8%，女性占 40.2%；年龄主要集中于 46~60 岁之间，比例达到 41.6%，60 岁以上的农民占 14.3%，26~45 岁的农民占 35.6%，25 岁及以下的农户较少，仅有 8.5%。中老年阶段的农户占了样本的一半多，说明我国现在的农村劳动力大多处于中老年的水平，缺少年轻劳动力。由于农村劳动力老龄化，使得新技术难以推广。并且通过深度访谈了解到许多种植农户兼业水平高，只是在农忙时节回家种植农作物。因此对于他们来说安全施药的机会成本大大提高。对于这类人群普遍情况下选择超量超次不规范用药，以达到"一劳永逸"的目的。当然这类情况因种植作物的经济属性的不同而有所区别。

初中及以下学历水平的农户占到了样本总量的 78.9%，高中及大专学历水平的农户占到了 18.1%，本科及以上学历的农户占 2.9%，这反映出样本农户总体学历水平不高。由于受教育程度相对较高的人，普遍善于接受和使用新科技，能很快地了解和接受农产品知识与对健康问题的认识。文盲可能会导致无法理解农药瓶上的标签或者书面的关于如何避免暴露的危险的风险沟通。众多证据显示在发展中国家的农户中，文盲对于采取自我保护措施是一个严重的障碍。由于知识的缺乏，在日常生活中的风险评估与判断可能是片面的、快速的、感性的，进而增加了施药决策的不确定性。

在家庭收入水平上，年收入在2万~5万元的家庭占了样本的大半，约68.1%，仅有0.1%的农户年收入在10万元以上，年收入介于5万~10万元与1万~2万元之间的元农户比例分别是11.9%、19.8%。这基本符合现今农户普遍的收入水平。不同收入水平的农户感受到的风险不一样，风险间接或直接地影响钱财损失。对于相同钱财的损失，他们的基数不同，导致他们对同等钱财损失的承受能力不同。家庭收入水平高的农户对于风险的关注度不高，而贫困农民属于风险敏感型，其决策比较谨慎，如果经济损失巨大，将会影响他们的正常生活。

从家庭人口来看，样本农户家庭成员数多集中在3人以上，比例高达93.1%，其中4~5人家庭占更多比例，2人及以下农户比例较小，占6.9%。家庭人口的居多可以在一定程度上缓解风险后果，风险所造成的不良后果由家庭和其他组织成员一同承担，家庭规模的大小在一定程度会造成生产行为模式的不同。

5 结构方程模型构建、检验及数据分析

结构方程模型是一种统计方法，可用来处理复杂的多变量研究数据，整合了验证性因子分析、路径分析及多元回归分析等多种不同的思想和统计方法。基于结构方程模型以下特点：①它可以为难以直接测度的潜变量提供一个可以观测和处理的方法；②结构方程模型以相关思想理论为基础，通过探索性因子分析找准影响因素，将各因素转化为潜在变量；③能够计算模型中的各变量间的路径系数进而进行客观赋权。本文将利用因子分析方法探索重要变量的维度，进而利用 SEM 进行实证分析。

本文主要以 SPSS 19.0 和 AMOS (Analysis of Moment Structures) 18.0 作为调查问卷的分析工具。首先运用 SPSS 19.0 进行因子分析和数据的信效度检验，然后运用 AMOS 18.0 进行理论模型的拟合优度分析和结构方程估计，对研究假设进行验证。

5.1 信度检验和效度检验

为判断被调查者对同一变量题项所做答案的可靠性，本文采用较为常用的内部一致性系数——克隆巴赫（Cranach's Alpha）系数检验变量的信度。问卷整体的克隆巴赫系数为0.771，风险感知、行为态度、主观规范和行为意向的克隆巴赫系数，均超过0.7，而残留认知和行为意向的克隆巴赫系数也超过了0.6，表明本文对各结构变化的衡量有较好的信度。从因子分析结果中提取的主成分累计方差贡献率为81.03%，可见问卷的结构效度较好。

5.2 探索性因子分析

通过因子分析可以寻找变量间潜在结构。为了确定是否适合做因子分析，对它们进行 KMO 测度和 Bartlett 球形检验。对本文变量进行 KMO 检验的检验结果是 KMO 值

为 0.79，根据 Kaiser 给出的标准，说明适合做因子分析。同时 Bartlett 球形检验卡方值为 4763.247，对应的 P 值为零，小于指定的显著性水平 0.01，说明数据相关阵不是单位阵，适合进一步做因子分析。

在验证了量表适合做因子分析后，本文运用 SPSS 19.0 对各影响指标进行主成分分析，以特征值大于 1 的标准抽取因子，同时采用方差极大法进行正交旋转，以消除各指标之间的相关影响。题项按照因子维度归属输出，使得各个题项的归属更加明确。因子分析适宜性检验输出如下：

表 2 变量效度、信度分析结果

潜变量	可观测变量	标准因子载荷	克隆巴赫系数
行为态度	V_1 与普通农产品相比，安全农产品的口感	0.528	0.791
	V_2 安全生产对您的影响	0.691	
	V_3 认为安全生产是怎样的	0.733	
主观规范	V_4 家人的态度对我进行安全生产的影响	0.685	0.831
	V_5 朋友的态度对我进行安全生产的影响	0.778	
	V_6 其他农户的态度对我进行安全生产的影响	0.702	
	V_7 政府的引导对我进行安全生产的影响	0.582	
残留认知	V_8 是否了解农药残留	0.739	0.621
	V_9 认为经常或大量地施用农药是否造成农作物农药残留	0.553	
	V_{10} 是否知道农药的安全间隔期	0.837	
	V_{11} 在实际生产过程中是否会考虑间隔期	0.828	
	V_{12} 对由农药残留所引发的农产品安全风险的态度	0.521	
	V_{13} 认为不合理使用农药是否会给您的收益带来风险	0.533	
风险感知	V_{14} 与普通农产品相比，生产安全农产品的收益	0.705	0.732
	V_{15} 与普通农产品相比，安全农产品的市场价格	0.734	
	V_{16} 与普通农产品相比，生产安全农产品的成本	0.728	
行为意向	V_{17} 您种植无公害、绿色或有机认证的安全农产品的意愿	0.514	0.656
	V_{18} 是否会主动学习以获得农药除虫等方面的技术、知识	0.592	

综上分析结果，构建关于农户安全施药意向的影响因素结构方程模型，结构方程模型的路径图如下：

测量方程式如下：

$$y_1 = \gamma_{11} V_{17} + \gamma_{12} V_{18} + \alpha_1 y_2 + \alpha_2 y_3 + \alpha_3 y_4 + \alpha_4 y_5 + \delta_1 \qquad (4)$$

$$y_2 = \gamma_{21} V_1 + \gamma_{22} V_2 + \gamma_{23} V_3 + \beta_1 y_4 + \beta_2 y_5 + \beta_6 y_3 + \delta_2 \qquad (5)$$

$$y_3 = \gamma_{31} V_4 + \gamma_{32} V_5 + \gamma_{33} V_6 + \gamma_{34} V_7 + \beta_3 y_4 + \beta_4 y_5 + \delta_3 \qquad (6)$$

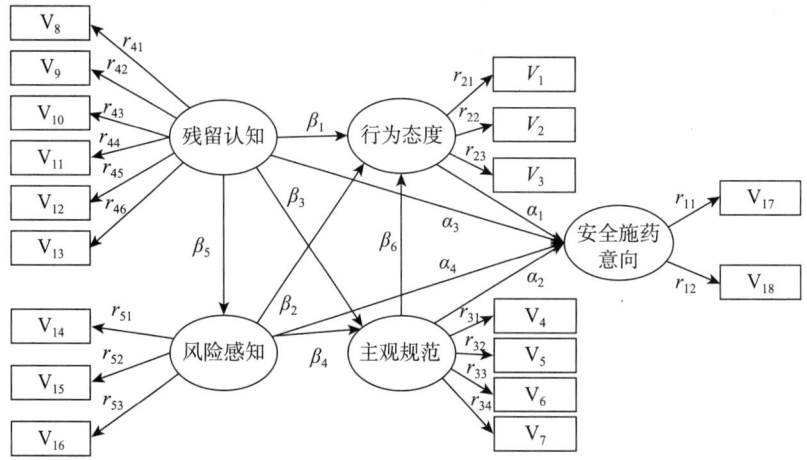

图2 农户安全施药意向的影响因素结构方程模型

$$y_4 = \gamma_{41}V_8 + \gamma_{42}V_9 + \gamma_{43}V_{10} + \gamma_{44}V_{11} + \gamma_{45}V_{12} + \gamma_{46}V_{13} + \delta_4 \quad (7)$$

$$y_5 = \gamma_{51}V_{14} + \gamma_{52}V_{15} + \gamma_{53}V_{16} + \beta_5 y_4 + \delta_5 \quad (8)$$

y_1、y_2、y_3、y_4、y_5 分别代表安全施药意向、行为态度、主观规范、残留认知和风险感知 5 个潜变量。以 $V_1 \sim V_{18}$ 代表问卷中 18 个问题,表示可观测变量。α 和 β 代表潜变量之间的路径系数,γ_{ik} 表示第 i 个潜变量上的第 k 个可观测变量的因子载荷。δ_i,$i = 1、2、3、4、5$,表示残差项。

5.3 验证性因子分析

表3 路径系数估计结果

潜变量 (可观测变量)	路径	潜变量	未标准化 路径系数	临界值	P	标准化路径 (载荷)系数
安全施药意向	α_1	行为态度	0.465	4.046	***	0.579
安全施药意向	α_2	主观规范	0.117	2.692	0.017	0.144
安全施药意向	α_3	残留认知	0.242	3.974	***	0.351
安全施药意向	α_4	风险感知	0.098	1.517	0.129	0.148
行为态度	β_1	残留认知	0.362	8.172	***	0.422
行为态度	β_2	风险感知	0.421	10.017	***	0.511
主观规范	β_3	残留认知	0.119	2.400	0.016	0.140
主观规范	β_4	风险感知	0.000	0.009	0.993	0.000
风险感知	β_5	残留认知	0.140	0.016	***	0.490
行为态度	β_6	主观规范	0.090	2.318	0.020	0.089
V_1	γ_{21}	行为态度	1.000			0.592
V_2	γ_{22}	行为态度	1.099	16.506	***	0.674

续表

潜变量 (可观测变量)	路径	潜变量	未标准化路径系数	临界值	P	标准化路径(载荷)系数
V_3	γ_{23}	行为态度	1.165	15.645	***	0.625
V_4	γ_{31}	主观规范	1.967	7.338	***	0.531
V_5	γ_{32}	主观规范	1.672	7.357	***	0.742
V_6	γ_{33}	主观规范	1.265	7.236	***	0.501
V_7	γ_{34}	主观规范	1.000			0.521
V_8	γ_{41}	残留认知	1.000			0.349
V_9	γ_{42}	残留认知	0.803	12.699	***	0.508
V_{10}	γ_{43}	残留认知	0.941	12.788	***	0.418
V_{11}	γ_{44}	残留认知	1.094	13.439	***	0.505
V_{12}	γ_{45}	残留认知	1.397	14.054	***	0.788
V_{13}	γ_{46}	残留认知	1.178	13.737	***	0.720
V_{14}	γ_{51}	风险感知	0.69	16.286	***	0.661
V_{15}	γ_{52}	风险感知	1.000			0.543
V_{16}	γ_{53}	风险感知	0.900	14.082	***	0.541
V_{17}	γ_{11}	安全施药意向	1.213	10.167	***	0.539
V_{18}	γ_{12}	安全施药意向	1.000			0.552

本文运用 AMOS 18.0 进行验证性因子分析,结果(见表3)输出:行为态度对行为意向、残留认知对行为意向的路径系数值分别为0.579、0.351,且通过1%的显著性检验。残留认知对主观规范、主观规范对安全施药意向、观规范对行为态度的路径系数值分别为0.140、0.144、0.089,并通过5%的显著性检验。残留认知对行为态度、风险感知对行为态度和残留认知对风险感知的路径系数值分别为0.422、0.511、0.490,在99%的置信度下显著。

5.4 结构方程模型检验

通过选取绝对拟合指数、相对拟合指数和信息指数等整体模型适配度指标来分析评价本模型。各指数指标都能较好地满足建议值的要求,模型拟合结果总体上较好,结果如表4所示:

表4 模型拟合优度指标

拟合指数	具体指标	建议值	结构方程模型估计值	拟合效果
绝对拟合指数	X^2/df	介于1~3,且接近于1比较好	2.906	理想
	GFI	>0.9	0.965	理想

续表

拟合指数	具体指标	建议值	结构方程模型估计值	拟合效果
	AGFI	>0.9	0.947	理想
	RMSEA	<0.05	0.044	理想
相对拟合指数	NFI	>0.9	0.937	理想
	IFI	>0.9	0.958	理想
	TLI	>0.9	0.942	理想
	CFI	>0.9	0.957	理想
信息指数	AIC	越小越好	444.395	理想
	BCC	越小越好	444.675	理想

5.5 结构方程模型数据分析

本文在前文提出了10个研究假说，其中8个假说得到了实证结果的支持。具体的验证结果如表5所示：

表5 研究假设检验结论

	假设内容	检验结论
H_1	农户关于农药残留认知对行为态度有正向影响	支持
H_2	农户关于农药残留认知对主观规范有正向影响	支持
H_3	农户关于农药残留认知对安全施药意向有正向影响	支持
H_4	农户关于施药风险感知对行为态度有正向影响	支持
H_5	农户关于施药风险感知对主观规范有正向影响	不支持
H_6	农户关于施药风险感知正向影响安全施药意向	不支持
H_7	农户施药行为态度影响安全施药意向，且两者是正相关关系。	支持
H_8	农户关于安全施药的主观规范影响其安全施药意向，且两者是正相关关系。	支持
H_9	主观规范会对生产者对某一行为的个体态度产生正向的影响	支持
H_{10}	农户的残留认知与风险感知正相关	支持

5.5.1 潜在变量之间的关系分析

行为态度对安全施药行为意向的路径系数值为0.579，且通过1%的显著性检验，说明行为态度对安全施药意向具有显著的正向作用，证实了假设H7是成立的。行为态度在影响施药意向的所有因素中的路径值最大，说明农户在进行施药决策时更多的是出于行为态度的偏好，负面的行为态度是农户进行安全生产的障碍之一，改变农户消极的安全生产态度是改善农产品质量的有效措施。

主观规范对安全施药意向的路径系数值为0.144，且通过5%的显著性检验，说明主观规范对安全施药意向具有正向的解释能力，验证了假设H8的成立。主观规范虽然对安全施药意向的影响力相对较小，但是影响作用是显著的，可能存在以下几点原因：①我国农民大多是以家庭为单位分散独立经营，政府与同行等外围因素的影响力和控制力效果不显著；②本文的主要调查对象年龄阶段偏大，固有思维显著，行为不易被改变；③我国的政府引导措施不到位，没有吸引农户广泛参与；④主观规范与行为态度之间存在多重共线性，两者对行为意向的作用具有重叠。

残留认知对安全施药意向的直接效应为 0.351，且 P 值在 1% 水平上表现显著，即假设 H3 成立。残留认知可以直接影响安全施药意向也可以通过行为态度和主观规范间接影响安全施药意向，总路径系数为 0.615，其中直接路径系数为 0.351，间接路径系数为 0.264。可以说残留认知直接显著地影响行为意向。

残留认知对行为态度、残留认知对主观规范和残留认知对风险感知的路径系数值分别为 0.422、0.140、0.490，且影响效应都显著。即假设 H1、H2、H10 成立。主观规范对行为态度和风险感知对行为态度的路径系数分别为 0.089、0.511，且都通过显著性检验，即假设 H9 和 H4 成立。

而假设的风险感知对规范和施药行为意向产生显著影响的假设并未得到模型的证实，影响非常弱。分析原因如下：①农户感知到的风险程度能够在很大程度上提升农户进行安全施药的积极态度，即：行为态度的中介效应显著；②农户风险感知程度有限，即使自身意识到行为风险的存在，也不会贸然改变自己的行为意向。

因此，要优化农户的施药意向，应切实从农户对农药的残留认知、不规范施药的风险感知、施药行为态度、主观规范诸方面入手，达到促进农产品品质提升的目的。

5.5.2 潜在变量与可观测变量之间的关系分析

（1）行为态度与观测变量之间的关系，行为态度中安全生产行为导致的后果标准因子载荷水平最高（0.674），自身的价值理性次之（0.625），接下来是安全施药后的农产品质量感知（0.592），且临界值都大于 2 并在 1% 置信水平上显著。说明行为后果评价对行为意向的影响程度最大，其余两观测变量也是影响行为态度的重要因子。

（2）主观规范与观测变量之间的关系，其下 4 个可观测变量 V4~V7 的标准因子载荷系数分别为：0.531、0.742、0.501、0.521，说明农户在进行施药决策时受到家人、朋友、同行和政府引导的影响，其中朋友的影响贡献度最大。

（3）残留认知与观测变量之间的关系，其中农药安全间隔期的知晓（0.837）贡献度最大，实际生产会考虑农药安全间隔期（0.828）次之，接下来依次是对农药残留的了解（0.739），大量施药导致农药残留的认知（0.553），不合理施用农药带来的收益风险（0.533），对农药残留引发农产品安全风险的态度（0.521），可以看出六个前向因素的标准因子载荷水平较高，对残留认知的解释力都较好。

（4）风险感知与观测变量之间的关系，安全农产品的价格（0.734）影响系数最大，其次是安全农产品的成本（0.728）和安全农产品的收益（0.705）。说明安全农产品的价格对风险感知的影响最大，然后才会考虑其成本及收益。

6 研究结论与政策建议

由于行为态度对农户安全施药意愿的影响是显著的,态度的形成受到认知的极大影响。鉴于此,从生产者角度:①普及农药的相关知识,提高农户对施药行为的认知度,加强与施药农户沟通与交流,增进农户对安全施药的了解,从而增加其选择安全生产的可能性;②对采纳安全施药技术的农户进行合理的补贴,稳定安全生产农户的经济预期,增加不规范施药的感知风险,进而改变其态度。从消费者角度:安全施药意愿反映了农户对未来安全农产品市场的看法和信心,加强农产品质量安全认证。大力促进安全农产品的销售,尽可能提供全面的产品信息,提高消费者对不同等级农产品的辨别力。

另外主观规范对农户安全施药决策有明显的正向作用,加强对农产品相关的立法保障,营造安全生产的社会氛围。通过宣传和舆论引导,造成强大的社会规范效果。让已经参与到安全生产中的农户"名利双收",对于还没参与到安全生产中的农户,使其感到安全生产能够让他赢得尊重。

残留认知对安全施药行为有显著的影响。鉴于此,增加农户对施药行为的认知度,需要完善农户的信息机制。拓展农户获取信息的渠道和提高农户捕捉信息的能力和信息的利用率,定期举办一些农业技术培训班。另外农机站可以根据一定人口密度安排信息员,教授正确的施药方式和正确选择农药品种及数量,引导科学用药。加大财政对农业公共教育和培训的支持力度,强化农村的培训宣传和指导教育工作。

参考文献

陈琦,赵敏娟.2012.国内外农药对农产品安全的影响及农户安全生产行为评述.北方园艺,(21):196-202.

陈雨生,乔娟,赵荣.2009.农户有机蔬菜生产意愿影响因素的实证分析——以北京市为例.中国农村经济,(7):20-30.

何小洲,彭露.2014.礼品消费购买意向研究——基于Fishbein理性行为修正模型的探讨.江西社会科学,(10):216-221.

侯博,侯晶,王志威.2010.农户的农药残留认知及其对施药行为的影响.黑龙江农业科学,(2):99-103.

黄季焜,齐亮,陈瑞剑.2008.技术信息知识、风险偏好与农民施用农药.管理世界,(5):71-76.

黄祖辉,钱峰燕.2005.茶农行为对茶叶安全性的影响分析.南京农业大学学报(社会科学版).5(1):39-44.

李宝库,韩丹.2015.基于Fishbein模型和产品属性对农民购买化肥意愿的分析.广东农业科学,(2):181-186.

李东进,〔韩〕安钟石,周荣海,吴波.2008.基于Fishbein合理行为模型的国家形象对中国消费者购买意向影响研究——以美、德、日、韩四国国家形象为例.南开管理评论,11(5):40-49.

李光泗,朱丽莉,马凌.2007.无公害农产品认证对农户农药使用行为的影响——以江苏省南京市为例.农村经济,(5):95-97.

李红梅,傅新红,吴秀敏.2007.农户安全施用农药的意愿及其影响因素研究.农业技术经济,(5):99-104.

李鹏.2013-08-01.丹麦将化肥农药的使用量写入法律.羊城晚报,B06.

林海.2003.农民经济行为的特点及决策机制分析.理论导刊,(4):28-30.

林毅夫.1998.小农与经济理性.经济研究,(3):31-33.

刘建花,杨蕙馨.2013.基于Fishbein合理行为模型的消费者响应企业社会责任的机理研究.经济与管理研究,(10):108-115.

娄博杰,宋敏,张庆文,李鹏.2014.农户高毒农药施用行为影响因素分析——以东部六省调研数据为例.农村经济,(7):108-112.

罗峦,周俊杰.2014.农户安全施药行为选择及影响因素分析——基于安仁县600户水稻种植户的调查.中国农学通报,30(17):145-150.

马晓辉.2012.基于计划行为理论对消费者安全食品购买意向的研究.湖北:华中农业大学.

孟博,刘茂,李清水,王丽.2010.风险感知理论模型及影响因子分析.中国安全科学学报,20(10):59-66.

宁满秀,邢郦,钟甫宁.2005.影响农户购买农业保险决策因素的实证分析.农业经济问题,(6):38-44.

孙菁,李青,赵远仙,吕建平.2012.小规模农户施药过程中的个人防护行为与风险初探.中国植保周刊,32(1):59-61.

谭颖.2012.我国农产品安全生产中农户道德风险防范研究.山东:中国海洋大学.

王华书,徐翔.2004.微观行为与农产品安全——对农户生产与居民消费的分析.南京农业大学学报(社会科学版),4(1):23-28.

王永强,朱玉春.2013.农户过量配比农药影响因素分析.农村经济,(10):86-91.

邢卫峰.2004.影响农户采纳无公害蔬菜生产技术的因素及采纳行为研究.北京:中国农业大学.

杨光.2013.控制食品农药残留各国有高招.农药市场信息,(26):12.

杨卫忠.2015.农村土地经营权流转中的农户羊群行为——来自浙江省嘉兴市农户的调查数据.中国农村经济,(2):38-51.

元成斌,吴秀敏.2010.农户采用有风险技术的意愿及影响因素研究.27(1):14-18.

岳跃.2006.中国农户经济行为的二元博弈均衡分析.北京:中国经济出版社.

张晓凤,赵建欣,朱璐华,韩彩欣.2010.农户安全农产品供给的影响因素分析.安徽农业科学,38(14):7591-7594.

赵建欣,张晓凤.2007.蔬菜种植农户对无公害农药的认知和购买意愿——基于河北省120家菜农的调查分析.农机化研究,(11):70-73.

赵建欣,张忠根.2009.农户安全蔬菜供给决策机制实证分析——基于河北省定州市、山东省寿光市和浙江省临海市菜农的调查.农业技术经济,(5):31-38.

郑龙章.2009.茶农使用农药行为影响因素研究——以福建省为例.福建:福建农林大学,博士论文.

中华人民共和国农业部.2002-07.关于全面推进"无公害食品行动计划"实施意见.

周峰,徐翔.2007.政府规制下无公害农产品生产者的道德风险行为分析——基于江苏省农户的调查.南京农业大学学报(社会科学版),7(4):25-31.

周洁红,姜励卿.2007.农产品质量安全追溯体系中的农户行为分析——以蔬菜种植户为例.浙江大学学报(人文社会科学版),37(2):118-127

周洁红.2006.农户蔬菜质量安全控制行为及影响因素分析——基于浙江省396户菜农的实证分析.中国农村经济,(11):25-34.

朱春雨，李健强. 2014. 基于蔬菜安全生产的农药使用现状分析研究Ⅱ：来自农药使用农户群体的调查报告. 农药科学与管理，35（1）：23 – 28.

Icek Ajzen, Martin Fishbein. 1972. Attitudes and Normative Beliefs as Factors Influencing Behavioral Intentions. *Journal of Personality and Social Psychology*, 21（1）：1 – 9.

Luiza Toma, Erik Mathijs. 2007. Environmental Risk Perception, Environmental Concern and Propensity to Participate in Organic Farming Programmes. *Journal of Environmental Management*, （83）：145 – 157.

Muhammad Khana, Hafiz Zahid Mahmood, Christos A. . 2015. Damalas, Pesticide Use and Risk Perceptions among Farmers in the Cotton Belt of Punjab, Pakistan. Crop Protection, （67）：184 – 190.

Abhilash P. C. , Singh N. . 2009. Pesticide Use and Application: An Indian Scenario. *Journal of Hazardous Materials*, 165：1 – 12.

Ryan, Michael J. , Bonfield E. H. . 1975. The Extended Fishbein Model: Additional Insights and Problems. *Advances in Consumer Research*, 2（1）：265.

William J. , Hastings, Keith P. . Fletcher. 1983. The Relevance of the Fishbein Model to Insurance Buying. *The Service Industries Journal*, 3（3）：296 – 307.

Yakov, Burstein. 1976. An Application of Fishbeins Attitude-behavior Consistency Model to Prediction of Publication Behavior. Hofstra University.

区域货币联动与政策干预：中日韩实证分析[*]

谷家奎[1]　陈守东[2]

(1. 中国中投证券博士后科研工作站，广东，深圳，518048；
2. 吉林大学数量经济研究中心，吉林，长春，130012)

摘要：开放经济条件下，金融风险的传染性使得各国市场不再是孤立封闭的，金融市场的依赖性加剧。基于亚洲区域经济体金融合作的现实及其重要性，本文研究了中日韩货币的波动性与区域联动机制，并检验了货币政策对外汇市场的干预效应。实证结果表明，中日韩三国货币的波动性存在一定差异，其中日元和韩元的波动受金融危机冲击较大。单独的货币政策干预来看，只有中国对外汇市场的干预是有效的，日韩干预效应不显著。本文构建的多元波动模型结果显示，两国汇率之间的相关性在金融危机期间倾向于增加，存在显著的汇率风险传染效应。引入货币政策联合干预以后，结果显示中日和中韩对外汇市场协同波动的联合干预作用有效，而日韩对外汇市场协同波动的干预效果不显著。

关键词：汇率波动　货币联动　政策干预　Cholesky-GARCH

Regional Currency Fluctuations and Policy Interventions：An Empirical Analysis of China, Japan and South Korea

Abstract：The infectious of financial risk make the national markets no longer isolated within open economy, financial markets are more dependent. Based on the reality and importance of Asian regional economics financial cooperation, we study the volatility and linkage mechanism within China, Japan and South Korea, and test the intervention effects of monetary policy on

---

[*] [基金项目]：国家社科基金项目"系统性金融风险与宏观审慎监管研究"（12BJY158）；教育部人文社会科学重点研究基地重大项目"中国系统性金融风险防范与金融稳定性计量研究"（14JJD790040）。[作者简介]：谷家奎（1985 - ），男，汉族，山东省郓城县人，吉林大学数量经济学博士，现就职于中国中投证券博士后科研工作站，研究方向：金融计量分析；陈守东（1955 - ），男，汉族，天津市蓟县人，吉林大学教授、博士生导师，研究方向：金融与投资。

foreign exchange market. The empirical result shows that, there are some differences in currency volatility, the yen and won fluctuations suffer greater impact by financial crisis. Only China intervention in the foreign exchange market is effective, and the intervention effect of Japan and South Korea are not significant. We can also see that the correlation between country exchange rates tend to increase during the financial crisis, and the currency risk contagion effect is significant. Considered the joint intervention of monetary policy, the result shows that the intervention on foreign exchange markets between China and Japan, China and South Korea, are effective, while Japan and South Korea not.

Key Words: Exchange Rate Fluctuation   Currency Linkage   Policy Intervention   Cholesky-GARCH

引 言

随着经济全球化、一体化的加深，各国之间的经济不再孤立，其与周边国家甚至是全球经济相互渗透、相互联系。某个经济体突发的经济危机或金融危机，会迅速而有力地波及相邻及经济往来密切的国家或地区，而汇率在其中扮演了重要的角色。金融危机的传染性使得对多个资本市场之间波动集聚现象的研究越来越受到关注。基于组合投资管理理论，如果区域间各经济体货币在外汇市场存在较强的溢出效应或者协同性，则该区域间经济体共同抵御国际金融冲击的能力就相对较差，缺乏区域相关货币投资组合的风险规避效应；反之，如果区域间各经济体货币在外汇市场存在较弱甚至不存在协同性，则具有较强的风险规避效应，有利于区域经济稳定。

中国、日本和韩国作为亚洲区域最为重要的经济体，无论在地理上还是经济上都具有紧密的关联。当前中、日、韩三国经济与金融合作不断加强，在推动货币体系改革、深化区域货币互换机制、多元化外汇储备、经济监测与金融监管等方面取得了长足的发展。随着亚洲区域性合作与交流的不断深化，特别是在中国进一步推动人民币国际化和利率市场化的今天，研究中日韩区域货币联动机制与政策干预效应更为有意义。

1 文献回顾与评述

金融资产的波动性一直是金融风险研究的热点，汇率作为开放经济体之间联系的纽带，在国际资本市场中具有举足轻重的地位。学者最早采用汇率收益率的方差或标准差来刻画汇率的波动性，后来 GARCH 模型在波动性分析中得到广泛应用，并发展出一系列 GARCH 族模型。GARCH 模型由 Bollerslev（1986）在 Engle（1986）提出的 ARCH 模型的基础上，进一步扩展完善而成，有效地描述了金融资产的波动所表现出的时变与集群特性。Chou（2000）、曹阳和李剑武（2006），谷宇和高铁梅（2007）等都采用 GARCH 模型度量了人民币汇率的波动性。此外，张欣和崔日明（2013）通过构建非对称随机波动模型，很好地拟合了人民币汇率波动过程中存在的时变性、持续性和非对称性特征，认为央行在采取措施干预和管理汇率波动时，更应注意汇率波动的非对称性。隋建利和刘金全等（2013）基于经典 R/S 分析、修正 R/S 分析、GPH 检验及 ARFIMA-FIGARCH 模型估计等方法，实证研究了现行汇率机制下人民币汇率收益率及波动率中双长期记忆性。

在经济全球化的背景下，为了能够更好地捕捉到不同外汇市场之间的风险传递效应，促进国际金融市场稳定，考察各个经济体汇率之间的关联关系变得尤为重要。Aggarwal 和 Mougoue（1998）实证检验了日元与亚洲"四小龙"货币、日元与东南亚四国货币之间的联系，认为日元与这两组国家货币汇率之间均存在协整关系。然而谢赤和刘潭秋（2003）对日元、港元、新加坡元的汇率进行实证检验后，认为它们之间并不存在协整关系。部分学者进一步研究了不同经济体货币的波动溢出效应。Kearney 和 Patton（2000）通过构建多元的 GARCH 模型，对欧洲货币体系中的汇率波动传导机制进行了检验，结果表明不同货币之间具有不同的传递性，其中德国马克在传导机制中占有重要的地位。丁剑平和沈根祥（2006）通过 12 个币种兑美元的即期汇率数据对区域汇率波动特征进行了分析，认为欧元、英镑、澳元和日元的波动浮动都很大，亚洲货币波动幅度和波动延续时间都低于欧洲和澳洲货币，此外区域性货币联动性也在加强。张国梁（2008）运用向量误差修正模型和脉冲响应函数，研究了英镑、欧元、日元之间的内在波动过程，认为单个汇率的波动可以通过不同汇率之间的连锁反应机制而传递放大，加剧外汇市场的频繁波动。韩国高、陈喻喆和高铁梅（2011）通过构建 BEKK－MGARCH 模型分析了中、美、日三国的实际均衡汇率及其波动溢出效应，认为三国实际均衡汇率受经济基本面的影响不同，两两之间的联动关系存在显著的 ARCH 和 GARCH 效应。

汇率变动的原因是复杂的，基于购买力平价理论，两国货币购买力决定了两国货币兑换的比率，因此汇率不可避免地会受到经济体货币政策的冲击。为了解释浮动汇率制度下汇率的异常波动，Dornbusch（1976）提出了黏性价格货币模型，构建了一个包含商品市场、货币市场和国际资产市场的一般均衡模型，研究货币政策冲击对汇率变动的影响，得到"汇率超调"的结论。Obstfeld 和 Rogoff（1995）研究中将微观基础分析引入 Mundell－Fleming 模型，建立了一个动态的、不完全预期的、垄断竞争的两国模型，指出货币供应量、政府支出、生产力变动是决定汇率变动的重要原因，为从货币政策的视角研究汇率变动开拓了新的渠道。Mishkin（1995）研究了货币政策对汇率的传导机制，认为货币供给变动能够通过利率效应对汇率产生影响。Kim 和 Roubini（2000）规避价格之谜、流动性之谜等开放经济悖论，建立货币当局的反应函数和经济结构模型来识别货币政策冲击，认为货币政策冲击对汇率等宏观经济变量的影响与理论模型一致。方福前和吴江（2009）比较分析了供给冲击、需求冲击和货币冲击对人民币、日元和韩元实际汇率波动的影响，认为货币冲击对这三种货币的实际汇率波动都有重要影响。高山（2011）研究了中国货币政策传导渠道中汇率传导渠道的运作机制和传导效果，认为我国货币供应量变化能在一定程度上引起实际有效汇率的变动。

高铁梅、杨程和谷宇（2013）基于弹性价格货币理论和汇率生成的微观结构模型，构建了包含相关经济变量的线性回归模型，应用 EGARCH 过程衡量了市场的信息冲击对人民币汇率波动的非对称影响。

梳理已有文献发现，相关的研究主要集中在单独的货币汇率波动或货币政策冲击，对区域货币联动的研究相对较少，尤其缺乏关于亚洲区域货币的政策联合干预研究，这也是本文研究的突破口。在借鉴前人研究成果的基础上，本文首先考察了亚洲区域中国、日本和韩国货币汇率的波动特征，然后构建了基于 Cholesky 分解的 MGARCH 模型，讨论了三国外汇市场的协同波动性，并检验了货币政策对于外汇市场的干预效应，以期提出相关的政策建议。

2 理论模型与数据处理

本文主要采用条件异方差（GARCH）模型度量波动性，并在一元模型的基础上构建基于 Cholesky 分解的三元 MGARCH 模型来研究区域货币的协同波动性，此外还使用交叉—相关系数矩阵等方法分析了区域货币的依赖性。

2.1 GARCH 与 MGARCH 模型

研究单变量的资产波动特征时，普遍采用 GARCH 模型，模型一般由均值方程和方差方程组成，可表示为：

$$r_t = \mu + \sum_{k=1}^{n} \lambda_k r_{t-k} + a_t \tag{1}$$

$$h_t c + \sum_{i=1}^{p} \alpha_i a_{t-i}^2 + \sum_{j=1}^{q} \beta_j h_{t-j} \tag{2}$$

$$a_t = \varepsilon_t \sqrt{h_t} \tag{3}$$

其中，式（1）为条件均值方程，式（2）为条件方差方程，表示时间序列的条件方差变化特征。a_t 是 t 时刻的新息，h_t 是条件方差，ε_t 是独立同分布的随机变量，通常假定是标准正态分布或者标准化的学生-t 分布，h_t 和 ε_t 相互独立。λ_k 为均值方程的变量自回归系数，α_i 和 β_j 分别称为 ARCH 参数和 GARCH 参数，k、i、j 分别为变量滞后阶数。

在讨论多个资产收益率波动过程之间的动态关系时，一般采用多元 MGARCH 模型，将不同资产间可能存在的协同波动性或者波动溢出效应进行估计检验。该模型是在单变量 GARCH 的基础上扩展而来，此时方差方程转换为多变量的向量自回归形式，故又称为 Vector GARCH（VGARCH）。

多元波动率建模关心的是 Σ_t（给定新息集合 $F_{t-1} = \{a_1, \cdots, a_{t-1}\}$，新息 a_t 的无条件协方差矩阵）随时间的演变特征，对 Σ_t 指定一个模型称为收益率序列 r_t 的波动率模型。建模时利用的 Σ_t 对称性将其重新参数化，主要包括两种方法，一种是利用新息

a_t 的条件相关系数和方差，直接对协方差和相关阵建模，采用极大似然估计方法对模型参数进行估计；另一种方法就是利用 Cholesky 分解方法，进行正交变换。因为 Σ_t 是正定的，所以存在具有正对角元素的对角矩阵 G_t 和具有单位对角元素的下三角矩阵 L_t，满足

$$\Sigma_t = L_t G_t L_t' \tag{4}$$

这就是著名的 Cholesky 分解，该分解的一个显著特征就是 L_t 对角线以下的元素与 G_t 的对角元素都有很好的解释。考虑三维情形：

$$\Sigma_t = \begin{bmatrix} \sigma_{11,t} & \sigma_{21,t} & \sigma_{31,t} \\ \sigma_{21,t} & \sigma_{22,t} & \sigma_{32,t} \\ \sigma_{31,t} & \sigma_{32,t} & \sigma_{33,t} \end{bmatrix}, L_t = \begin{bmatrix} 1 & 0 & 0 \\ q_{21,t} & 1 & 0 \\ q_{31,t} & q_{32,t} & 1 \end{bmatrix}, G_t = \begin{bmatrix} g_{11,t} & 0 & 0 \\ 0 & g_{22,t} & 0 \\ 0 & 0 & g_{33,t} \end{bmatrix}$$

基于 Cholesky 分解，我们有：

$$\begin{bmatrix} \sigma_{11,t} & \sigma_{21,t} & \sigma_{31,t} \\ \sigma_{21,t} & \sigma_{22,t} & \sigma_{32,t} \\ \sigma_{31,t} & \sigma_{32,t} & \sigma_{33,t} \end{bmatrix} = \begin{bmatrix} g_{11,t} & q_{21,t}g_{11,t} & q_{31,t}g_{11,t} \\ q_{21,t}g_{11,t} & q_{21,t}^2 g_{11,t} + g_{22,t} & q_{31,t}q_{21,t}g_{11,t} + \\ q_{31,t}g_{11,t} & q_{31,t}q_{21,t}g_{11,t} + q_{32,t}g_{22,t} & q_{31,t}^2 g_{11,t} + q_{32,t}^2 g_{22,t} + g_{33,t} \end{bmatrix}$$

上述矩阵方程两边的元素相等，我们得到：

$$g_{11,t} = \sigma_{11,t}, q_{21,t} = \frac{\sigma_{21,t}}{\sigma_{11,t}}, g_{22,t} = \sigma_{22,t} - q_{21,t}^2 g_{11,t}, q_{31,t} = \frac{\sigma_{31,t}}{\sigma_{11,t}},$$

$$q_{32,t} = \frac{1}{g_{22,t}}\left(\sigma_{32,t} - \frac{\sigma_{31,t}}{\sigma_{21,t}}\sigma_{11,t}\right), g_{33,t} = \sigma_{33,t} - q_{31,t}^2 g_{11,t} - q_{32,t}^2 g_{22,t}$$

这些参数其实是下述正交变换的系数和残差的方差：

$$b_{1t} = a_{1t}, b_{2t} = a_{2t} - \beta_{21}b_{1t}, b_{3t} = a_{3t} - \beta_{31}b_{1t} - \beta_{32}b_{2t}$$

其中，β_{ij} 是 $a_{2t} = \beta_{21}b_{1t} + b_{2t}$，$a_{3t} = \beta_{31}b_{1t} + \beta_{32}b_{2t} + b_{3t}$，最小二乘回归的系数。

即，我们有 $q_{ij,t} = \beta_{ij}$，$g_{ii,t} = Var(b_{it})$ 且对 $i \neq j$，有 $b_{it} \perp b_{jt}$。

基于前面的讨论，Cholesky 分解相当于一个从 a_t 到 b_t 的正交变换，与波动率建模相关的参数向量表示为下述一个 $k(k+1)/2$ 维的向量：

$$\Xi = (g_{11,t}, \cdots, g_{kk,t}, q_{21,t}, q_{31,t}, q_{32,t}, \cdots, q_{k1,t}, \cdots, q_{k(k-),t})' \tag{5}$$

正交变换后的似然函数大大简化，并且估计得到的相关系数 p_{ij} 是时变的，这也是采用 Cholesky 分解方法将 Σ_t 重新参数化与应用相关系数方法的主要区别。利用变换后的扰动 b_{it} 之间的正交性，我们最终得到：

$$\sigma_{ii,t} = Var(a_{it}1F_{t-1}) = \sum_{v=1}^{i} q_{iv,t}^2 g_{vv,t}, i = 1, \cdots, k \tag{6}$$

$$\sigma_{ij,t} = Cov(a_{it}, a_{jt}1F_{t-1}) = \sum_{v=1}^{i} q_{iv,t} q_{jv,t} g_{vv,t}, j < i, i = 2, \cdots, k \qquad (7)$$

其中，对于 $v = 1, \cdots, k$，$q_{vv,t} = 1$，这些方程给出了 Σ_t 在 Cholesky 分解下的参数化。

2.2 交叉－相关矩阵

经济全球化背景下，单个市场的价格变动能够很容易迅速地扩散到另一个市场，因此，金融市场比以前更加相互依赖。为了更好地理解全球金融的动态结构，有必要将它们联合起来考虑，交叉－相关矩阵就是一个比较有效的方法。考虑一个 k 元时间序列 $r_t = (r_{1t}, r_{2t}, \cdots, r_{kt})'$，如果它的一阶矩和二阶矩不随时间变化，则称序列 r_t 是弱平稳的。一般我们假定金融资产的收益率序列是弱平稳的，均值向量与协方差矩阵不随时间改变。

对于弱平稳的金融时间序列 r_t，其均值向量和协方差矩阵定义为：

$$\mu = E(r_t), \Gamma_0 = E[(r_t - \mu)(r_t - \mu)'] \qquad (8)$$

这里，期望是由 r_t 的联合分布对每个分量取期望得到的，均值 μ 是由 r_t 的分量的无条件期望组成的 k 维向量。协方差矩阵 Γ_0 是 $k \times k$ 矩阵，Γ_0 的第 i 个对角线上的元素是 r_{it} 的方差，而 Γ_0 的第 (i, j) 个元素是 r_{it} 与 r_{jt} 的协方差，需要用到其元素时，我们记：

$$\mu = (\mu_1, \cdots, \mu_k)', \Gamma_0 = [\Gamma_{ij}(0)] \qquad (9)$$

令 D 表示由 r_{it}（$i = 1, 2, \cdots, k$）的标准差构成的 $k \times k$ 对角矩阵，即：

$$D = diag\{\sqrt{\Gamma_{11}(0)}, \cdots, \sqrt{\Gamma_{kk}(0)}\} \qquad (10)$$

则同步（延迟为 0）的交叉－相关矩阵表示为：$\rho_0 \equiv [\rho_{ij}(0)] = D^{-1} \Gamma_0 D^{-1}$

相关矩阵 ρ_0 的第 (i, j) 个元素为 r_{it} 和 r_{jt} 的相关系数，表明两个序列在同一时刻的相关性，故称为共点或同步相关系数，具体表示为：

$$\rho_{ij}(0) = \frac{\Gamma_{ij}(0)}{\sqrt{\Gamma_{ii}(0)\Gamma_{jj}(0)}} = \frac{Cov(r_{it}, r_{jt})}{std(r_{it}) std(r_{jt})} \qquad (11)$$

然而，多元时间序列分析中一个重要的主题是研究分量之间的引导－延迟关系，于是用交叉－相关矩阵来度量时间序列之间线性依赖的程度。多元时间序列 r_t 的延迟为 l 的交叉协方差矩阵定义为：

$$\Gamma_l \equiv [\Gamma_{ij}(l)] = E[(r_t - \mu)(r_{t-l} - \mu)'] \qquad (12)$$

因此，Γ_l 的第 (i, j) 个元素为 r_{it} 和 $r_{j,t-l}$ 的协方差，对于弱平稳序列，交叉－协方差矩阵 Γ_l 是 l 的函数，与时间指数 t 无关。

延迟为 l 的交叉－相关矩阵（lag-l cross-correlation matrix，CCM）定义为：

$$\rho_t = [\rho_{ij}(l)] = D^{-1}\Gamma_l D^{-1} \tag{13}$$

此时，ρ_l 第 (i, j) 个元素为 r_{it} 和 $r_{i,t-l}$ 的相关系数，表示为：

$$\rho_{ij}(l) = \frac{\Gamma_{ij}(l)}{\sqrt{\Gamma_{ii}(l)\Gamma_{jj}(l)}} = \frac{Cov(r_{it}, r_{j,t-l})}{std(r_{it})std(r_{jt})} \tag{14}$$

当 $l > 0$ 时，该相关系数度量了 r_{it} 对发生在 t 时刻以前的 $r_{i,t-l}$ 的线性依赖，如果 $\rho_{ij}(l) \neq 0$ 且 $l > 0$，表示序列 r_{it} 在延迟 l 处引导着序列 r_{it}，并且 $\rho_{ii}(l)$ 的对角元素恰为序列 r_{it} 的延迟为 l 的自相关系数。

2.3 数据处理与分析

本文选取亚洲区域经济体最为重要的中、日、韩三国数据进行研究。由于中国于2005年7月对完善人民币汇率形成机制进行改革，且2006年10月正式公布上海银行间同业拆借利率（SHIBOR）数据，于是基于数据的可得性，本部分采用的日度数据样本区间是2006年10月10日~2014年2月21日。由于外汇市场和各国货币市场的交易日有所不同，我们只选取相关市场同时开放的日交易数据，共1700个日交易数据。文中涉及的数据指标包括人民币汇率 ERCN、日元汇率 ERJP、韩元汇率 ERKR 和人民币利率 RCN、日元利率 RJP、韩元利率 RKR，均作对数收益率处理。其中，人民币汇率、日元汇率、韩元汇率均采用兑美元汇率（直接标价法）指标，人民币利率采用 SHIBOR 隔夜拆借利率数据，日元利率、韩元利率采用 LIBOR 公布的隔夜拆借利率数据，相关数据分别来源于上海银行间同业拆借利率中心网站、国家外汇交易中心网站、《中国金融统计年鉴》、《国际金融统计年鉴》（International Financial Statistics）、美国联邦储备银行经济数据库（Federal Reserve Economic Data）等。

表1 汇率收益率序列均值与标准描述性统计

	ERCN	ERJP	ERKR	RCN	RJP	RKR
均值	-0.0001	-0.0001	0.0001	-0.0001	-0.0012	-0.0003
标准差	0.0008	0.0077	0.0096	0.1021	0.0336	0.0206
最小值	-0.0043	-0.0432	-0.1322	-1.0781	-0.3042	-0.1796
最大值	0.0036	0.0667	0.1013	0.7758	0.3311	0.1918

中、日、韩三国汇率和利率收益率的描述性统计结果如表1所示。汇率方面，中国汇率收益率均值最大，韩国均值最小，日本居中，人民币和日元与样本初期相比升值，而韩元却表现出贬值状态；从标准差来看，韩元汇率波动幅度最大，其次是日元，人民币波动幅度最小；同时，韩元汇率收益率的波动区间最大，人民币波动区间最小。利率方面，各国均值为负，利率呈现下降趋势；而中国利率波动的幅度最大，日韩其次；波动的区间也以中国为最大，韩国最小。总体来看，人民币利率收益率弹性最大，韩元汇率收益率弹性最大，日元居中。

3 单独国家汇率波动性与政策干预检验

在研究区域货币联动机制之前，我们先分别研究亚洲区域经济体中日韩各国汇率的波动特征，并检验各国货币政策对外汇市场干预的有效性。

3.1 汇率波动性分析

首先分析中日韩汇率和利率收益率序列，以对其波动情况有一个直观的认识，如图1所示。

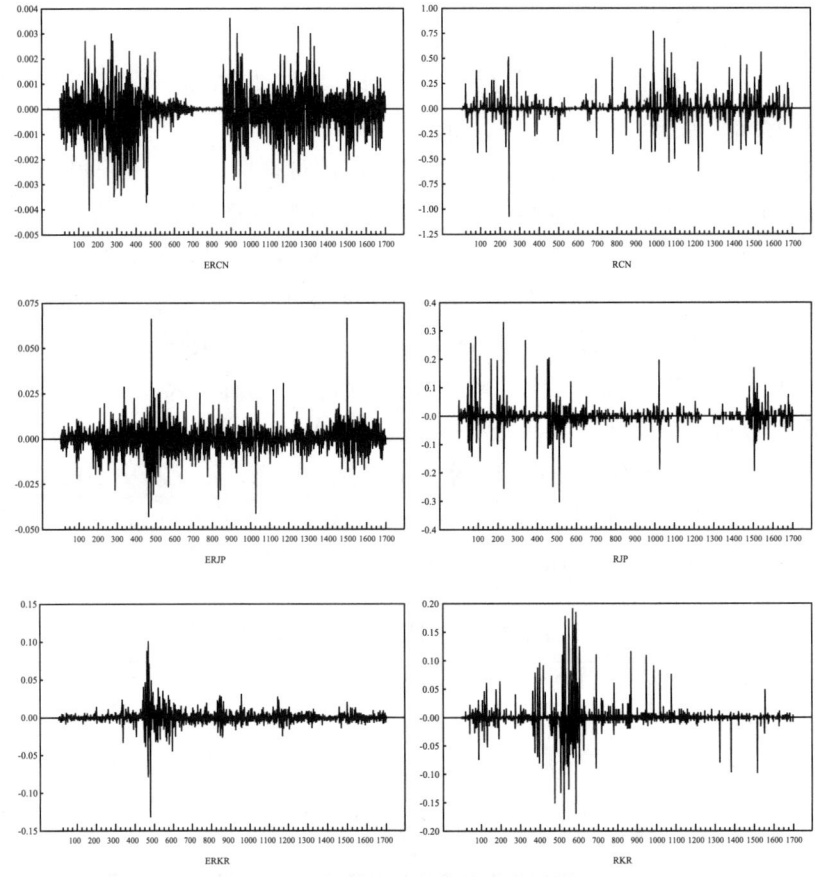

图1 汇率和利率收益率序列图

从图中可以看出，中、日、韩三国汇率收益率的波动过程具有明显的集聚性，表现出条件异方差特征，可以采用GARCH模型来刻画相关收益率的波动性。同时，我们还发现中日韩三国汇率波动集聚与该国利率波动集聚的时间比较吻合，汇率与利率在直观上具有溢出效应。

下面构建GARCH模型来刻画汇率的波动性。为了避免伪回归问题，在参数估计之前需要对汇率和利率收益率序列进行单位根检验，选用ADF检验方法，滞后期由SC最小规则确定。单位根检验结果如表2所示，表明汇率和利率收益率序列都是平稳序列，可以直接建模使用。

表2 单位根检验结果

	ERCN	ERJP	ERKR	RCN	RJP	RKR
t-统计量	-37.6203	-43.9228	-11.9260	-36.3594	-30.2982	-28.9242
显著性P	0.0000	0.0001	0.0000	0.0000	0.0000	0.0000
检验形式	(0, nt, c)	(0, nt, c)	(16, nt, c)	(0, nt, c)	(2, nt, c)	(2, nt, c)

注：表中ADF检验的滞后阶数由SIC准则确定，(n, nt, c) 表示（滞后阶数，无趋势项，有截距）的检验形式。***表示1%的置信度下拒绝原假设。

进行GARCH模型构建时，首先通过ARCH LM检验序列的ARCH效应，结果表明残差平方序列存在自相关，即残差序列存在ARCH效应，因此采用GARCH模型是合理的。对于大部分资产收益率序列，如果有序列相关的话也应该很弱，因此，如果样本均值显著不为零，建立均值方程就等于从数据中移除样本均值。为了简化，研究中将三国汇率收益率时间序列的样本均值作为均值方程，方差方程采用GARCH（1，1）[①]形式，模型估计结果如表3所示。

表3 汇率收益率的GARCH模型检验结果

		ERCN		ERJP		ERKR	
	参数	估计值	显著性P	估计值	显著性P	估计值	显著性P
均值方程	均值	-0.0001	0.0001***	0.0002	0.2707	-0.0003	0.0308**
方差方程	均值	-0.0001	0.0001***	0.0002	0.2707	-0.0003	0.0308**
	C	0.0001	0.0003***	0.0001	0.0016***	0.0001	0.0003***
	A	0.0749	0.0000***	0.0774	0.0001***	0.1170	0.0000***
	B	0.9170	0.0000***	0.8974	0.0000***	0.8832	0.0000***

注：***和**表示1%和5%的置信度下拒绝原假设。

模型参数估计的Ljung-Box检验Q统计量显示，标准化残差序列没有序列相关性，也没有条件异方差性，因此模型估计是充分的。实证结果表明，中日韩国三国汇率收益率都具有显著的GARCH效应，并且参数A+B之和都接近于1，说明具有很强的持续性。模型估计得到的波动率和残差如图2所示，可以直观地看出各个时间段汇率的波动情况。人民币汇率在2008年金融危机之前和2010年之后波动性相对较为显著，在金融危机期间波动较小，这可能与此时政府为了应对金融危机而采取的外汇干预政策有关。日元和韩元汇率的波动比较平稳，但在金融危机期间波动异常，受金融危机冲击较大，在一定程度上也说明了这两国对外汇的干预有限，市场化行为更突出。从波动程度对比来看，亚洲这三个主要的经济体中，日元的波动性最为显著，其次是韩元，人民币的波动性最弱。

[①] 一般而言，研究金融时间序列应用GARCH模型时，简单的GARCH（1，1）模型就可以度量绝大部分的波动率，并且和参数估计值的和接近于1，刻画了金融时间序列中的"波动率集聚"现象。

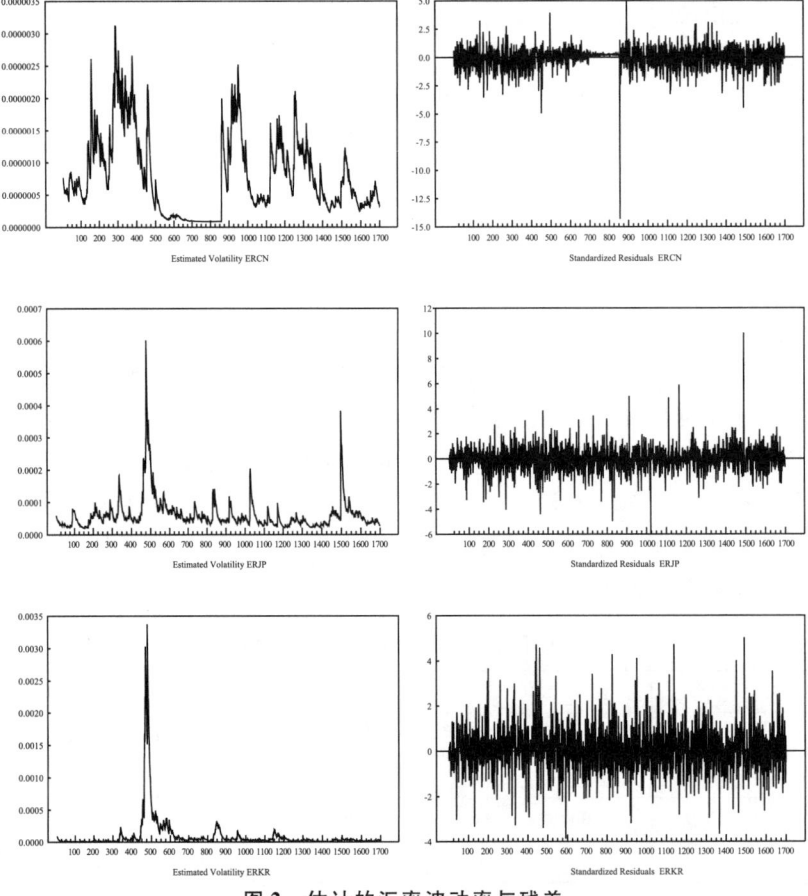

图 2　估计的汇率波动率与残差

3.2　政策单独干预有效性检验

进一步实证研究中，将利率变量引入汇率波动 GARCH 模型的方差方程，通过检验利率对汇率的波动溢出作用，来探讨货币政策对外汇市场的干预效应。如果各国央行的宣示或者行动是明确且可信的，并且本国外汇市场具有效率性，则理论上央行通过政策干预可以干预汇率变动。考虑货币政策干预后修正的模型表示如下：

$$h_{it} = \omega + \alpha_i a_{t-1}^2 + \beta_j h_{t-1} + \gamma_i (R_{i,t-1} - m_i)^2 \quad (15)$$

其中，$i = 1, 2, 3$ 分别表示中国、日本、韩国，γ_i 为央行干预系数，采用本国货币市场利率收益率对均值偏离的幅度 $(R_{i,t-1} - m_i)^2$ 作为央行政策干预的代理变量，估计结果如表 4 所示。

表 4　货币政策单独干预的检验结果

		ERCN		ERJP		ERKR	
	参数	估计值	显著性 P	估计值	显著性 P	估计值	显著性 P
均值方程	均值	-0.0001	0.0022***	0.0002	0.2132	-0.0003	0.0272**

续表

	参数	ERCN		ERJP		ERKR	
		估计值	显著性 P	估计值	显著性 P	估计值	显著性 P
方差方程	C	-0.0001	0.7957	0.0001	0.0026***	0.0001	0.0010***
	A	0.0587	0.0000***	0.0759	0.0001***	0.1182	0.0000***
	B	0.9408	0.0000***	0.8924	0.0000***	0.8795	0.0000***
	γ	0.0001	0.0000***	0.0002	0.1164	0.0005	0.1546

注：***和**表示1%和5%的置信度下拒绝原假设。

检验结果表明，亚洲经济体中的中、日、韩三国，只有中国货币政策对外汇市场产生了有效的干预，而日、韩货币政策的干预作用不显著。对于中国而言，如果利率收益率为正，此时利率不断升高，则助推了人民币外汇市场的波动，即偏紧缩的货币政策放大了外汇市场的波动风险。反之，偏宽松的货币政策则有利于控制人民币外汇波动风险。与中国不同的是，日本和韩国想要通过本国货币政策来干预本国外汇市场是行不通的。原因可能是多方面的，其中重要的一点应该是日韩两国外汇市场的国际化程度较高，且对美元具有较强的依赖，从而导致货币政策的约束力下降，甚至不起作用。

4 区域货币联动与政策联合干预检验

在分析单独国家货币波动特征与货币政策干预的基础上，进一步将研究拓展到三元情形。首先分析中日韩区域货币的依赖性，然后探讨区域货币的协同波动性，检验区域经济体货币政策对外汇市场的联合干预效应。

4.1 区域货币依赖性分析

利用 Ljung-Box 统计量来考察三国汇率收益率之间的序列相关性，得到 Q（1）= 56.9723，Q（4）= 246.3970，Q（8）= 306.5059，这些检验统计量都是高度显著的，分别与自由度 9、36、72 的 χ^2 分布比较，其 P 值都接近于 0，也就是说序列中确实存在某些序列相关性。表 5 是简单记号表示的中日韩汇率收益率序列的样本交叉 - 相关矩阵前 6 个延迟。我们发现，人民币汇率收益率具有某些序列相关性，并且依赖于日元和韩元的过去收益率（见延迟 1、2）；日元汇率收益率也具有某些序列相关性，仅依赖于韩元延迟 4 期的过去收益率（见延迟 1、2、4）；韩元汇率收益率亦具有某些微弱的序列相关性，并且显著依赖于日元收益率的过去收益率（见延迟 1、2、3、4、6）。概括来说，中日韩汇率收益率都有某些自身序列相关性，并且人民币依赖于日元和韩元的过去收益率，而日元和韩元不受人民币影响，日元和韩元两者之间相互有依赖关系。

表 5 区域货币的样本交叉 - 相关矩阵

1			2			3			4			5			6		
+	+	+	.	.	.	.	.	-	.	-	.	.	.	.	.	.	.

续表

1	2	3	4	5	6
.	-	.	+	.	.
.	-	+	-	+	+

注:"+"表示相应的相关系数大于或等于 $2/\sqrt{T}$,"-"表示相应的相关系数小于或等于 $-2/\sqrt{T}$,"."表示相应的相关系数介于 $-2/\sqrt{T}$ 与 $2/\sqrt{T}$ 之间,此处 $2/\sqrt{T}$ 是假定 r_t 为一个白噪声时,在5%渐进水平下样本相关系数的临界值。

4.2 区域货币的协同波动性检验

利用Cholesky分解的序贯性,我们构建三元的GARCH模型对区域货币的联动机制进行计量分析。由于我们主要关注人民币汇率变化,因此建模时先以人民币汇率为出发点,又因为日元的国际地位大于韩元,因此最终建模顺序是中、日、韩依次进入模型。

模型均值方程构建如下:

$$ER_{1t} = \mu_1 + a_{1t} \tag{16}$$

$$ER_{2t} = \mu_2 + a_{2t} \tag{17}$$

$$ER_{2t} = \mu_3 + a_{3t} \tag{18}$$

同样,我们采用简便的MGARCH(1,1)模型,利用Cholesky分解后,转换得到的方差方程表示如下:

$$g_{11,t} = c_{11} + \alpha_{11} b_{1,t-1}^2 + \beta_{11} g_{11,t-1} \tag{19}$$

$$q_{21,t} = c_{21} + \alpha_{21} q_{21,t-1} + \beta_{21} a_{2,t-1} \tag{20}$$

$$g_{22,t} = c_{22} + \alpha_{22} b_{2,t-1}^2 + \beta_{22} g_{22,t-1} \tag{21}$$

$$q_{31,t} = c_{31} + \alpha_{31} q_{31,t-1} + \beta_{31} a_{3,t-1} \tag{22}$$

$$q_{32,t} = c_{32} + \alpha_{32} q_{32,t-1} + \beta_{32} a_{2,t-1} \tag{23}$$

$$g_{33,t} = c_{33} + \alpha_{33} b_{3,t-1}^2 + \beta_{33} g_{33,t-1} \tag{24}$$

其中,$b_{1t} = a_{1t}$,$b_{2t} = a_{2t} - q_{21,t} b_{1t}$,$b_{3t} = a_{3t} - q_{31,t} b_{1t} - q_{32,t} b_{2t}$。

表6给出了三元MGARCH模型的估计结果,模型总体估计显著性较好,重点关注方差方程的估计结果。方差方程(1,1)、(2,2)、(3,3)的参数都非常显著,与一元GARCH估计结果基本一致,说明中、日、韩三国自身汇率收益率GARCH效应明显,并且方程参数 $\alpha_{ii} + \beta_{ii}$ 的和都接近于1,汇率波动率序列具有IGARCH效应,持续性比较强。观察方差方程(2,1)、(3,1)、(3,2)的参数估计结果,不同方程存在差别。中日与中韩的相关方程参数估计结果表明,这两组汇率的协同波动性具有显著的持续性,但是受日韩汇率变化的新息影响不显著;日韩汇率的协同波动性不仅具有显著的持续性,而且受新息的影响十分显著。

比较来说,中韩之间汇率协同变动的持续性最长,其次是日韩汇率,中日汇率的协同变动的持续性相对最弱。

表6 三元 MGARCH 模型估计结果

	参数	均值方程		方差方程			
		方程(i)	均值	方程(i,j)	C	A	B
一元	估计值	(1)	-0.0001	(1,1)	0.0001	0.0749	0.9170
	显著性 P		0.0001***		0.0003***	0.0000***	0.0000***
二元	估计值	(1)	-0.0001	(1,1)	0.0001	0.0747	0.9172
	显著性 P		0.0001***		0.0001***	0.0000***	0.0000***
	估计值	(2)	0.0002	(2,1)	0.0001	-0.0198	-0.7538
	显著性 P		0.2697		0.2910	0.2867	0.0000***
	估计值			(2,2)	0.0001	0.0802	0.8935
	显著性 P				0.0022***	0.0001***	0.0000***
三元	估计值	(1)	-0.0001	(1,1)	0.0001	0.0748	0.9171
	显著性 P		0.0005***		0.0000***	0.0000***	0.0000***
	估计值	(2)	0.0002	(2,1)	0.0004	0.8361	0.1549
	显著性 P		0.2785		0.3123	0.0000***	0.4022
	估计值	(3)	-0.0002	(2,2)	0.0001	0.0816	0.8929
	显著性 P		0.0831*		0.0001***	0.0000***	0.0000***
	估计值			(3,1)	0.0008	0.9602	-0.0976
	显著性 P				0.1186	0.0000***	0.9454
	估计值			(3,2)	-0.0001	0.9483	0.0427
	显著性 P				0.4983	0.0000***	0.0001***
	估计值			(3,3)	0.0001	0.1213	0.8783
	显著性 P				0.0000***	0.0000***	0.0000***

注:***、**和*分别表示1%、5%和10%的置信度下拒绝原假设。

图3给出了中、日、韩三元 MGARCH 模型估计得到的两两汇率收益率的时变相关系数。可以看出,中日、中韩、日韩汇率的相关系数整体较小,但仍然显著且时变特征明显。在波动增加时,两国汇率之间的相关系数增加,这与相关的汇率实证研究结论一致,两个国家汇率之间的相关性在金融危机期间倾向于增加,也就是说,存在显著的汇率风险传染效应。中日汇率之间的相关系数总体较小,在2008年金融危机期间相关系数为正,后来逐渐减小,以至于在2010年相关系数变为较为明显的负值,进入2013年后相关系数绝对值慢慢变小,收敛到0值附近;中韩汇率之间一直存在正向的相关系数,2008年金融危机期间相关性稍有增加,在2010年以后中韩汇率相关性增幅较大,并且相关系数变动的幅度也增加;日韩汇率在2013年以前基本都存在负向的相关性,后期转为正值,总体表现相对稳定。综合来看,亚洲这三个主要经济体汇率变

动的协同性总体比较弱,这可能与相关国家的外汇市场有效性及货币政策干预有关,这也是我们下一步研究的方向。

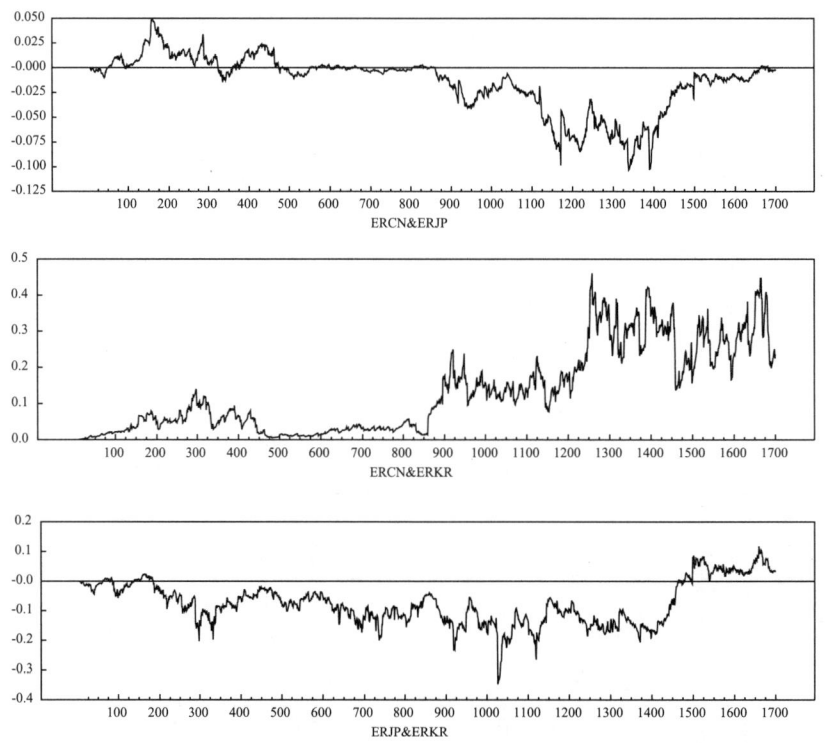

图 3 区域货币汇率的时变相关系数

4.3 货币政策联合干预效应检验

区域经济体的货币政策既有独立性又相互合作,于是进一步探讨中日韩三国货币政策联合干预下的汇率协同波动机制,检验货币政策是否能够有效地干预国家间的外汇市场。此时,将相关国家利率收益率变量引入多元汇率波动模型的协同波动方差方程,考察货币政策对汇率协同波动干预的有效性,模型进一步约束如下:

$$q_{21,t} = c_{21} + \alpha_{21}q_{21,t-1} + \beta_{21}a_{2,t-1} + \gamma_{21}(R_{1,t-1} - m_1)^2 + \lambda_{21}(R_{2,t-1} - m_2)^2 \quad (25)$$

$$q_{31,t} = c_{31} + \alpha_{31}q_{31,t-1} + \beta_{31}a_{3,t-1} + \gamma_{31}(R_{1,t-1} - m_1)^2 + \varphi_{31}(R_{3,t-1} - m_3)^2 \quad (26)$$

$$q_{32,t} = c_{32} + \alpha_{32}q_{32,t-1} + \beta_{32}a_{2,t-1} + \lambda_{32}(R_{2,t-1} - m_2)^2 + \varphi_{32}(R_{3,t-1} - m_3)^2 \quad (27)$$

其中,m_1、m_2、m_3 分别为中国、日本、韩国利率收益率的样本均值,参数 γ、λ、φ 分别考察中国、日本和韩国利率收益率对汇率协同波动性的影响。

货币政策干预下的三元 GARCH 模型估计结果如表 7 所示。结果表明,引入货币政策干预以后,模型方差方程的参数变化不大,相关国家汇率之间协同波动性的持续性稍有降低。观察政策干预参数估计值,发现中日汇率收益率之间的协同波动性受中国利率和日本利率政策的显著正向影响,如果两国利率收益率持续为正,会显著增强中日两国汇率的协同波动性；中韩汇率收益率之间的协同波动性同样显著受到中国利率和韩国利率政策的影响，只是中国利率增加减弱了两国汇率协同波动性，而韩国利率增加可以大幅增加两国汇率协同波动性；观察日韩汇率协同方程，发现政策干预参数都不显著，也就是说日本和韩国的货币政策并不能对两国的汇率协同波动性产生显著影响，货币政策干预此时是没有效果的。综合来看，中国货币政策干预对中日、中韩汇率的协同波动性都是有效的，不过干预方向正好相反；日本和韩国货币政策仅分别对中日、中韩汇率协同波动性有效，对于日韩汇率协同波动性却没有效果。

表7 引入政策干预的模型估计结果

参数	均值方程		方差方程				政策干预		
	(i)	均值	(i, j)	C	A	B	D1	D2	D3
估计值	(1)	-0.0001	(1, 1)	0.0001	0.0751	0.9162			
显著性 P		0.0003***		0.0000***	0.0000***	0.0000***			
估计值	(2)	0.0002	(2, 1)	-0.1033	0.7984	0.1732	5.4355	22.6779	
显著性 P		0.2497		0.0679***	0.0000***	0.8725	0.0589*	0.0693*	
估计值	(3)	-0.0002	(2, 2)	0.0001	0.0851	0.8891			
显著性 P		0.0725*		0.0001***	0.0000***	0.0000***			
估计值			(3, 1)	0.0.0371	0.9599	-0.1421	-0.9557		49.4193
显著性 P				0.0393**	0.0000***	0.0308	0.0297**		0.0910*
估计值			(3, 2)	0.0003	0.9232	0.0542		-0.1498	0.1066
显著性 P				0.4467	0.0000***	0.0628*		0.3116	0.5952
估计值			(3, 3)	0.0001	0.1217	0.8711			
显著性 P				0.0000***	0.0000***	0.0000***			

注：***、**和*分别表示1%、5%和10%的置信度下拒绝原假设。

模型估计结果进一步给出了政策干预后中日韩汇率之间的相关系数图4，直观地显示中、日、韩三国在联合干预后的汇率相关性变化。

可以看出，引入政策干预后中日和中韩汇率收益率的相关性显著增大，而日韩汇率收益率序列的相关性基本没有变化，此外中日汇率相关性变动更为剧烈。实证结果表明，中日和中韩货币政策对外汇市场协同波动的联合干预效果显著，而日韩货币政策的联合干预效果不显著。

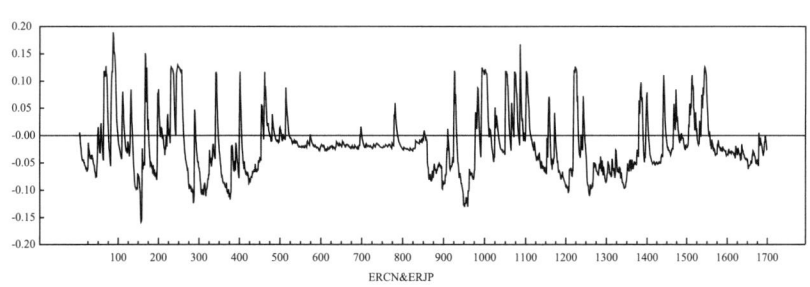

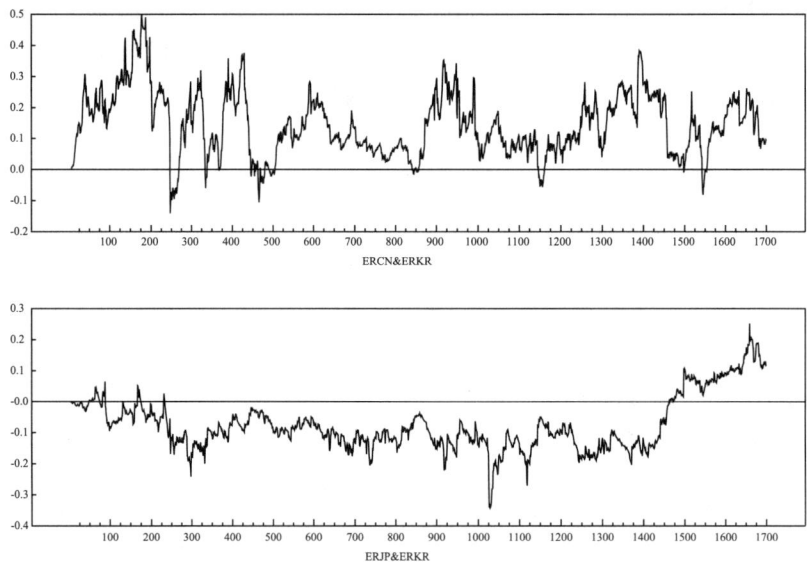

图 4　联合干预下的汇率时变相关系数（续）

5　结论

本文通过构建汇率波动模型，重点探讨了亚洲区域经济体中日韩三国货币关联机制及货币政策的干预效应，主要得到以下结论。

（1）分析了中日韩外汇市场汇率与货币市场利率收益率的简单统计特征。统计分析结果显示三国汇率收益率的波动具有明显的集聚现象，条件异方差特征显著，并且汇率波动集聚的时间与该国利率的波动集聚时间比较吻合，溢出效应明显。同时中日韩三国的外汇市场汇率和货币市场利率的变动弹性有区别，其中人民币利率变动弹性最大，韩元汇率变动弹性最大，日元居中。

（2）构建 GARCH 模型单独研究了中日韩汇率的波动性，并将利率引入方差方程检验了货币政策单独干预外汇市场的有效性。实证结果表明，中日韩汇率都具有显著的 GARCH 效应，并且具有很强的持续性。估计得到波动率序列显示，人民币汇率在金融危机期间波动较小，而日元和韩元汇率在金融危机期间波动异常，受金融危机冲击较大，说明后两国对外汇的干预有限。比较来看，亚洲这三个主要的经济体中，日元波动性最为显著，其次是韩元和人民币。单独的货币政策干预实证结果显示，只有中国货币政策对汇率波动具有显著的干预作用，如果利率收益率为正，此时利率不断升高，则助推了人民币外汇市场的波动，反之偏宽松的货币政策则有利于控制人民币外汇波动风险。而日本和韩国想要通过货币政策来干预本国外汇市场是行不通的，原因可能是多方面的，最重要的一点应该是日韩两国对美元依赖性高，导致央行货币政策的约束力下降，甚至不起作用。

（3）检验了中、日、韩三国外汇市场汇率的依赖性和协同波动性。中、日、韩三国外汇市场汇率的样本 – 交叉相关矩阵结果显示，中日韩汇率都有某些自身序列相关性，并且人民币汇率依赖于日元和韩元的历史值，而日元和韩元汇率却不受人民币汇率影响，日元和韩元两者之间有依赖关系。接着采用基于 Cholesky 分解的三元 GARCH 模型实证研究了三国外汇市场汇率的协同波动性。结果表明，三国汇率具有 IGARCH 效应，持续性比较强。汇率协同波动性方面，中日、中韩与日韩都具有显著的持续性，不过只有日韩汇率收益率的协同波动性受新息的显著影响。其中，中韩之间汇率协同变动的持续性最长，其次是日韩、中日汇率。三元 GARCH 模型估计得到的两两汇率的相关系数时变特征明显，在波动增加时，两国汇率之间的相关性增强，存在显著的汇率风险传染效应。单独来看，中日汇率的相关系数总体较小，中韩汇率相关系数为正且不断增加，日韩汇率在 2013 年以前基本都存在负向的相关性，后期相关系数转为正值，总体表现相对稳定。

（4）实证讨论了货币政策联合干预下中日韩汇率的协同波动机制。引入货币政策干预以后，相关国家汇率之间协同波动性的持续性稍有降低。中国政策干预对中日、中韩汇率的协同波动性都是有效的，不过干预方向正好相反；日本和韩国货币政策仅分别对中日、中韩汇率协同波动性有效，对于日韩汇率协同波动性却没有效果。也就是说，中日和中韩对外汇市场协同波动的货币政策联合干预是有作用的，而日韩对外汇市场协同波动的干预没有效果。

总体来看，人民币汇率的波动性相对日韩较弱，并且中国货币政策对人民币及其区域货币协同波动性的干预也相对最为有效，这可能与相关国家的外汇市场化及政策干预程度有关，其深层次的原因有待于我们进一步探讨。在今后经济发展与对外贸易中应加强区域政策合作与交流，充分考虑亚洲区域经济体货币的协同波动性，尤其关注金融危机期间汇率风险的传染性。针对源自不同国家的外汇风险，采取适当的货币政策干预措施，以期降低汇率风险传染。

参考文献

曹阳，李剑武. 2006. 人民币实际汇率水平与波动对进出口贸易的影响. 世界经济研究，(8)：12 – 19.
谷宇，高铁梅. 2007. 人民币汇率波动性对中国进出口影响的分析. 世界经济，(10)：49 – 57.
张欣，崔日明. 2013. 基于非对称随机波动模型的人民币汇率波动特征研究. 国际金融研究，(1)：28 – 37.
隋建利，刘金全，闫超. 2013. 现行汇率机制下人民币汇率收益率及波动率中有双长期记忆性吗？国际金融研究，(11)：56 – 69.
丁剑平，沈根祥. 2006. 2000 ~ 2005 年主要区域货币汇率波动特征的研究. 世界经济，29（3）：74 – 81.
张国梁、2008. 主要货币汇率波动的连锁反应——VEC 模型检验. 学术交流，11：045.
韩国高，陈喻喆，高铁梅. 2011. 中、美、日实际均衡汇率模型的构建及实证研究. 数量经济技术经济研究，28（1）：76 – 88.
方福前，吴江. 2009. 三类冲击与人民币实际汇率波动——与日元、韩元比较. 财贸经济，(12)：38 – 44.
高山. 2011. 我国货币政策传导机制有效性的实证研究——以汇率传导渠道为视角. 海南金融，(5)：18 – 22.

高铁梅，杨程，谷宇. 2013. 央行干预视角下人民币汇率波动的影响因素研究——基于中美两国经济的实证分析. 财经问题研究，(2)：45–53.

谢赤，刘潭秋. 2003. 人民币实际汇率中的马尔可夫转换行为. 统计研究，(9)：50–52.

Aggarwal R., Mougoue M.. 1998. Common Stochastic Trends Among Asian Currencies: Evidence for Japan, Aseans, and the Asian Tigers. *Review of Quantitative Finance and Accounting*, 10 (2): 193–206.

Bollerslev T.. 1986. Generalized Autoregressive Conditional Heteroskedasticity. *Journal of Econometrics*, 31 (3): 307–327.

Engle R. F., Bollerslev T.. 1986. Modelling the Persistence of Conditional Variances. *Econometric Reviews*, 5 (1): 1–50.

Chou W. L.. 2000. Exchange Rate Variability and China's Exports. *Journal of Comparative Economics*, 28 (1): 61–79.

Kearney C., Patton A. J.. 2000. Multivariate GARCH Modeling of Exchange Rate Volatility Transmission in the European Monetary System. *Financial Review*, 35 (1): 29–48.

Dornbusch R.. 1976. Expectations and Exchange Rate Dynamics. *The Journal of Political Economy*, 1161–1176.

Obstfeld M., Rogoff K.. 1995. The Mirage of Fixed Exchange Rates. National Bureau of Economic Research.

Mishkin F. S.. 1995. Symposium on the Monetary Transmission Mechanism. *The Journal of Economic Perspectives*, 3–10.

Kim S., Roubini N.. 2000. Exchange Rate Anomalies in the Industrial Countries: A Solution with a Structural VAR Approach. *Journal of Monetary Economics*, 45 (3): 561–586.

数量经济研究

中国石油消费强度收敛机制的区域差异分析

刘 阳[*]

(东北石油大学,黑龙江,大庆,163318)

摘要:基于经济增长收敛理论思想,本文建立石油能源消费强度与其影响间的微观经济模型,运用1999~2012年省级面板数据,从全国和区域两个层面对中国石油消费强度的收敛机制进行了实证检验。研究认为:全国整体来看,城乡人口结构和交通占比因素导致石油消费强度呈发散趋势,而人均产值、能源结构、产业结构、价格等因素均导致中国石油消费强度整体呈收敛趋势。区域层面研究表明,各区域石油消费强度在向高效低能的收敛方向上存在收敛机制的差异性。

关键词:石油消费强度 收敛机制 区域差异

Analysis of the Convergence Mechanism Regional Variation of the Petroleum Consumption Intensity in China

Abstract: Based on the theory of economic growth convergence, this paper establishes the microeconomic model of petroleum energy consumption intensity and its influence, and empirically tests the convergence mechanism of China's petroleum consumption intensity from the national and regional two layers, by using the provincial panel data from 1999 to 2012. Studies suggest that: overall view of the whole country, the proportion of the urban and rural population structure and transportation industry lead to the divergence of petroleum consumption intensity, while per capita GDP factor, energy structure, industrial structure, price, etc, all contribute to the convergence of China's petroleum consumption intensity. Regional studies shows that, the regional petroleum consumption intensity has different convergence mechanism on the convergence of high efficiency and low energy direction.

---

* [作者简介]:刘阳(1973-),男,黑龙江省大庆市人,东北石油大学副教授,经济学博士,研究方向:能源经济学、中国与独联体国家经贸关系研究。

Keywords: Petroleum Consumption Intensity   Convergence Mechanism   Regional Variation

改革开放以来，伴随着经济发展和城镇化进程的加快，中国能源消费迅猛增长，能源的瓶颈效应日益凸显。能源消费结构问题、环境问题不仅关乎国民的生活质量，而且也将对中国社会经济发展产生重大影响。结合学者们的相关研究及中国特有的国情可知，上述问题的产生既与中国"富煤、少油、贫气"的能源先天禀赋密切相关，同时也与目前中国的经济发展阶段紧密相连。从世界各国发展的历史经验来看，相比煤炭，石油作为一种高效能源，不仅使用领域广泛，而且对于环境的污染也相对较小，将是今后一段时期中国能源消费结构转型的重点方向。因此，从能源效率的视角看，现阶段对于石油消费强度收敛规律问题的探讨，不仅能为提升石油资源利用效率提供有效理论支撑，而且也能为中国转变经济增长方式、提升经济增长质量提供参考。

本文考察我国石油能源消费强度是否存在广义上的收敛性，并分析其形成机制，在此基础上实证检验区域间收敛机制的异质性。明确石油消费强度收敛性的形成机制和区域间收敛机制的异质性，这对协调发展我国的能源消费，并促进经济社会的和谐发展有积极的理论意义和现实意义。

1 文献回顾

就现有文献看来，我国能源消费收敛性的研究主要集中在收敛性的存在检验和收敛性形成因素的分析，以及收敛性的演进趋势和收敛性对节能的作用等方面。

李国章和霍宗杰（2009）使用1995~2006年的数据对中国总体和三大区域的能源效率收敛性进行了研究。研究发现，中国总体和东部、中部地区存在收敛趋势，西部地区的收敛性不存在。魏楚和沈满洪（2007）采用分省数据对我国各省份能源消费率及其影响因素进行研究。结果认为，区域间能源效率差异逐渐缩小，存在收敛性。齐绍洲等（2010）对中国东部发达地区和西部落后地区的能源收敛性进行实证研究，研究是以能源强度与经济发展水平成函数关系为假设条件下进行的。结果认为，我国东部、西部地区的能源消费强度随着西部地区经济水平向东部地区收敛而呈现出收敛性特征。刘源远（2008）研究了中国省区能源效率收敛性的动态演进趋势。张宗益和冉小明（2013）分析了中国第二产业能源效率的收敛机制，研究认为随着我国内陆欠发达地区与沿海发达地区的第二产业劳均产出的收敛，区域间的能源消费效率也在逐渐收敛，但收敛的速度逐渐减缓，原因是由两区域间的科技研发投入和人力资本投入造成的。

除了单纯地研究能源的收敛性，我国学者也从各种经济因素对能源消费及能源消费效率影响方面做了大量的研究工作。成金华和陈军（2009）研究了城镇化与能源消费间的关系，研究认为城镇化对能源消费强度起到了降低作用，这种降低效应是城镇化发展过程中人力资本存量、技术进步、产业结构优化和市场化发展的结果。王晓玲等（2012）通过建立向量自回归模型，运用协整分析、脉冲响应函数和方差分解法来研究城市化与能源强度之间的关系，结果表明，我国城市化与能源强度之间存在长期均衡关系，并且两者之间是负相关关系。呙小明等（2013）实证分析发现，交通基础设施的发达有助于降低能源强度，但城市化进程提高了能源强度，能源价格的上涨未能起到降低交通运输业低能源强度的作用。周少甫和王亚南（2015）以中国30个省市自治区作为横截面单元，将全国分为三个部分，利用各横截面单元2000~2011年组成的面板数据，建立动态面板数据模型分析工业化、城镇化对能源强度的影响。结果表明：城镇化水平对我国不同地区的影响有显著差异，在东部地区，提高城镇化水平能有效降低能源强度，而就全国范围和中西部地区而言，城镇化水平的提高阻碍了能源强度的降低；工业化水平的提高推动了能源强度的上升。马珩（2012）以能源消费为因变量，研究了中国主要经济指标对能源消费的影响，并预测了十二五期间的能源增速。研究认为经济增长、工业化、城市化的发展会促进能源消费，第三产业的提高会降低能源消费，由于技术进步效应和政策原因，中国能源消费量将随时间递减，预测结果认为"十二五"期间能源将以6%的速度增长。张伟等（2012）研究了经济增长对能源消费的影响，研究认为经济增长与能源消费存在长期均衡关系，工业与经济增长及经济增长与能源消费之间存在递进式促进作用。在我国的不同区域这种现象存在区域间的差异性。董锋等（2012）的研究表明能源要素会因为产业结构的优化升级在不同的产业间流动，主要是由低效率行业向高效行业转移，由高能耗、低产出的传统行业向高附加值、低能耗的高新技术产业流动，从而降低能源强度。一般而言，多数工业行业具有高能耗的特点。

国外学者对能源效率收敛性的研究较为成熟。Markandya等（2006）研究了欧盟新成员国的能源禀赋差异对欧盟经济的影响，研究发现欧盟新老成员国之间能源消费强度存在收敛性特征。Miketa和Mudler（2005）对世界56个国家的能源效率问题进行了差异性与收敛性研究，结果认为不同国家间能源效率差异明显，在此基础上进一步证明了不同国家或区域的能源效率有各自不同的收敛稳态。Shujie等（2012）认为加快、深化经济结构调整，减少重工业的比重，发展新兴战略性产业，有利于提高中国能源效率。

从上述文献可以看出，能源的收敛性特征问题已经引起了学术界的广泛关注，并且通过各种研究方法，从不同的角度对这一问题进行了富有意义的探讨。但就中国的能源禀赋特征而言，从能源总体上研究能源效率问题缺乏对我国能源禀赋特点的把握，削弱了研究的现实意义。同时由于传统的经济区域划分方法主要是以经济发展水平来划分的，对于我国经济长期的粗放型发展环境而言，这种区域划分方法混淆了区域能源利用效率。基于上述两点，本文将在各种常用模型分析方法的基础上，使用面板数据从整体和分区域两方面对我国石油消费强度的收敛性特征进行研究。

2 常用的研究收敛性模型方法

目前对收敛性的研究多是对新古典增长理论的思想扩展。新古典增长理论认为，收敛是指不同经济系统间劳均收入的标准差随时间的推移所呈现出的下降趋势。这一思想在能源消费效率领域的推广产生了一系列对能源消费强度的研究成果,研究中常见的主要包括:σ收敛、β收敛及俱乐部收敛等模型方法。

2.1 σ收敛模型

σ收敛是从序列间离差变动的视角考察序列变动趋势的方法。在对能源强度收敛的研究中,σ收敛是用来分析不同经济体能源消费强度的离差随时间的推移而减小的趋势。

用公式表示为:

$$SD_t = \frac{1}{n}\sqrt{\sum_{i=1}^{n}(qd_{it} - q\overline{d}_{it})^2} \tag{1}$$

其中,SD_t为t时刻的标准差;qd_{it}为t时刻的第i区域的石油消费强度;$q\overline{d}_{it}$为t时刻全国所有n个省份石油消费强度的均值;n为省域个数。在这一模型的表示中,如果SD_t随时间的变化而变小,则说明存在σ收敛;反之则不存在。

σ收敛的相关研究起始于Quah在1990年的开创性研究。σ收敛涉及人均收入的截面差异随着时间逐步下降的问题。正如Quah(1993)指出的:σ收敛决定了跨经济体之间的收入分布是否随着时间逐步更加均等化。σ收敛在区域科学和经济地理的相关文献之中备受关注,如Barro等(1991)、Bernard和Durlauf(1996)、Quah(1996)。被用来检验σ收敛的测量方法有多种,常用的方法除上面所介绍的σ系数还有变异系数。表示为:

$$V = \frac{SD_t}{\overline{qd}} \tag{2}$$

其中,SD_t为t时刻的标准差;$\overline{qd}$代表所有n个省份石油消费强度的均值。

2.2 β收敛模型

β收敛模型是从研究的变量变动速度的视角考察收敛现象的。这一模型的理论预期是能源强度增长速度呈现出逐步递减的发展趋势,进而逐渐达到增长进入一个相对低的萎缩状态,使整体能源强度趋于某一水平,达到收敛状态。由此可以看出β收敛模型中能源强度与其初始状态是负相关关系。

研究发现,能源的收敛性与各种影响因素紧密相关,在此基础上β收敛模型被发展为β绝对收敛和β相对收敛模型。两者的差异是在对约束条件的要求上。β绝对收敛模型中存在对各影响因素相对的强约束,假设在研究期内各影响条件未发生系统性变化,即在完全相同的条件下的各经济体的能源消费强度发展趋势存在收敛的稳态。

在β条件收敛情形中,不同经济体之间的均衡水平是不同的,每个经济体收敛到各自唯一的均衡水平。换言之,经验结果表明应该存在初始能源强度和其他结构变量作为收敛的条件。因此,当β绝对收敛假说不成立时,β条件收敛检验就需要合适的方程设定。β收敛常常被用来分析不同经济体或地区经济的增长收敛情况。

β绝对收敛模型为：

$$\ln\left(\frac{qd_{i,t+1}}{qd_{i,t}}\right) = \alpha + \beta\ln(qd_{i,t}) + \varepsilon_{i,t} \quad (3)$$

式（3）中，i表示不同的经济体；t表示不同的时期；$\varepsilon_{i,t}$为随机误差项；$\ln\left(\frac{qd_{i,t+1}}{qd_{i,t}}\right)$表示能源消费强度的年变动率；$\beta$是强度变量的回归系数。由于用对数形势表示，因此$\beta$符号的正负可以用来分辨能源强度是否存在收敛性。如果符号为正，则能源消费强度呈加速增长趋势，是发散的，因此不存在收敛趋势；如果符号为负则说明能源消费强度呈减速增长趋势，因此有收敛趋势。

β条件收敛是指在一定外生变量的条件约束下，各经济体能源消费强度收敛于各自的平稳状态。

β条件收敛模型的形式是在β绝对收敛模型的基础上加入外生控制变量，具体模型形式为：

$$\ln\left(\frac{qd_{i,t+1}}{qd_{i,t}}\right) = \alpha + \beta\ln(qd_{i,t}) + \sum\beta_i y_{i,t} + \mu_{i,t} \quad (4)$$

其中，$y_{i,t}$表示影响石油消费强度的某一因素；β_i表示相应因素的回归系数。

在实证研究中β条件收敛关键环节是外生约束条件的选择问题。在能源消费强度的影响因素的分析中可以看出有多种因素对能源消费强度有影响作用。通过第二部分的研究，本文认为能源消费结构、产业结构、经济发展、价格、人口结构、典型行业等因素对石油消费强度有点明显的影响效应，后续研究中我们将考察上述因素对石油能源消费强度的收敛效应的作用。

2.3 俱乐部收敛模型

俱乐部收敛模型的构造思想与上述两种模型的构造思想不同。上述σ收敛模型与β收敛模型的构造是从研究对象变量的标准差变动的视角对所有不同经济体构成的总的集合进行研究分析，是否存在同一的收敛趋势。俱乐部收敛模型设定理论上与β收敛模型是一致的，但是研究范围存在区别。这种研究的思想是经济发展水平、经济结构和对能源消费强度影响因素同构的地区，他们的能源消费特点是一致的，这些区域的能源消费强度将逐渐收敛于共同的水平值。具体研究方法是根据能源消费强度的特点，对所研究的区域进行划分，把经济结构与对能源消费强度影响结构相同的地区作为一类，考察是否存在收敛性。一般对区域的划分可以通过虚拟变量来进行标示，具体模型为：

$$\ln\left(\frac{qd_{i,t+1}}{qd_{i,t}}\right) = \alpha + \beta\ln(qd_{i,t}) + \gamma D_{j,t} + \mu_{i,t} \quad (5)$$

式（5）中，i表示不同的经济体；t表示时期；$D_{j,t}$表示不同的区域划分，其中j表示所属的区域。当所考察省份 i 属于该区域时，$D_{i,t}=1$，否则 $D_{i,t}=0$。如果回归结构中 $D_{i,t}$ 的系数显著不为 0，则说明能源消费强度在该区域存在俱乐部收敛，反之则不存在。

2.4 空间计量方法

上述方法在对收敛性的研究中没有考虑各区域间的彼此影响效应。随着对收敛问题的研究，研究者发现各区域间存在交流和彼此的沟通，当外部对本区域产生影响时，邻近区域会存在一定的冲击。因此，空间模型被引入实践研究中。

空间效应就其本质而言是一种自相关关系，即观测值存在空间上的自相关性而不是独立的，这种相关性有两个方面的原因：其一是测量误差；其二是存在经济上的联系。由于上述原因，空间相关性被表示在滞后项和误差项上。也正是因为这个原因，空间收敛模型常用的有两种：空间滞后模型（SAR）和空间误差模型（SEM）。

Anselin（1988）给出了两种空间模型的形式。空间滞后模型是将回归模型中引入被解释变量的滞后项，形式为：

$$Y_t = \alpha + \rho W_{1t} Y_{t-1} + \beta X_t + \varepsilon_t \tag{6}$$

空间误差模型是将误差项引入回归模型中，该模型假定空间的相关性是来自外生冲击的作用，形式为：

$$Y_t = \alpha + \beta X_t + \varepsilon_t$$
$$\varepsilon_t = \lambda W_t \varepsilon_t + v_t, t = 1, \cdots, T \tag{7}$$

其中，Y_t 为被解释变量；X_t 为解释变量；β 为变量系数；ρ 是空间滞后回归系数；λ 是空间误差回归系数；ε_t 和 v_t 随机误差项；W_t 是空间权重矩阵。

2.5 函数方法

齐绍洲、罗威在 2007 年的研究中参考了 Markandya 等（2006）的研究成果，对我国地区经济增长与能源消费强度差异进行了研究，研究中构建了经济增长与能源消费强度收敛关系计量方程。

首先构建人均收入的 β 收敛模型：

$$\frac{1}{T}\ln\left(\frac{y_{i,t+T}}{y_{i,t}}\right) = \alpha - \beta \ln(y_{i,t}) + \mu_{i,t} \tag{8}$$

上述模型中，$y_{i,t}$ 代表经济体 i 在时间 t 的实际人均 GDP；$\frac{1}{T}\ln(y_{i,t+T}/y_{i,t})$ 代表 t 到 $t+T$ 这段时间，经济体 i 的人均 GDP 的年增长率。根据 β 收敛模型的理论，如果 $\beta<0$，则存在 β 收敛，该区域经济增长与初始人均产出成反比，表示落后地区经济增长快于发达地区，存在对发达地区的经济赶超，经济总体存在收敛趋势。上式中对时间区段取 $T=1$，则是对每年分省的人均 GDP 差异变化情况的描述。式（8）可以表示为：

$$\ln\left(\frac{y_{i,t+T}}{y_{i,t}}\right) = \alpha - \beta \ln(y_{i,t}) + \mu_{i,t} \tag{9}$$

在对能源消费强度的研究中,考虑到我国经济存在发达地区与不发达地区间的经济差异性,并且认为经济不发达地区在缩小与相对经济发达地区的经济差异时对能源的消费手段存在差异,如果不发达地区的经济发展是建立在高耗能基础上,那么与发达地区的能源消费强度就会因两地的经济差异缩小而扩大;如果经济发展是建立在节能的基础上,那么随着经济增长两地的经济差异缩小,能源使用效率会提高即能源强度会降低。由此在分析中作者假设西部地区与东部地区能源消费强度差异是东部、西部地区人均 GDP 差异的函数,并建立了能源消费收敛模型。

首先定义变量为:$y_{i,t}$ 代表西部的第 i 省份在 t 时期的人均 GDP,$qd_{i,t}$ 为西部省份 i 在 t 时期的能源消费强度;$y_{f,t}$ 代表所有东部省份在 t 时期的人均 GDP 水平,$qd_{f,t}$ 代表所有东部省份在时刻 t 的平均能源消费强度。由此有:

$$qd_{i,t}^* = A \left(\frac{y_{f,t}}{y_{i,t}} \right)^\mu * qd_{f,t} \tag{10}$$

其中,qd_{it}^* 为西部第 i 省份的能源消费强度;A 是常数;μ 是能源消费强度差异对于人均 GDP 差异变化的弹性系数。考虑到时间因素的影响,在模型中加入一个一期滞后变量。

$$qd_{i,t} = qd_{i,t-1} \left(\frac{qd_{i,t}^*}{qd_{i,t-1}} \right)^\mu \tag{11}$$

其中,μ 是指调整因子,这样 $qd_{i,t}^*$ 就是包含了时滞影响的能源强度变量。对上述式(10)、式(11)取自然对数,得到如下形式:

$$\ln\left(\frac{qd_{i,t}}{qd_{i,t-1}}\right) = B + C\ln\left(\frac{qd_{f,t}}{qd_{i,t-1}}\right) + D\ln(\Delta y_t) + v_{i,t} \tag{12}$$

其中,$\Delta y_t = y_{f,t} - y_{i,t}$,$v_{i,t}$ 为残差项,则式中的各系数为:
$B = \mu \ln A$,$C = \mu$,$D = \mu^* \eta$,$A = \exp(B/\mu) = \exp(B/C)$,于是:

$$\eta = \frac{D}{\mu} = \frac{D}{B}\ln(A) \tag{13}$$

由此得到了,通过经济发展水平来度量能源消费强度收敛趋势的模型,首先可以通过式(9)来检验东西部地区人均 GDP 差异的收敛情况,在此基础上,通过式(12)检验能源消费强度差异与人均 GDP 差异的关系并估计系数 B、C、D,通过式(13)得到 η 值来度量能源消费强度差异的收敛状况。

如果实证检验结果认为西部地区对东部地区而言存在 β 收敛,则说明西部地区的经济发展在总体趋势上快于东部地区,在此基础上,求出 η 值。如果 $\eta > 0$ 说明我国西部地区与东部地区的人均 GDP 差异每降低 1 个百分点,会导致石油消费强度差异降低 η,即我国西部地区在缩小与东部地区经济差异的过程中能源消费强度也在逐步缩小,西部该省的经济增长是建立在低能耗的基础上的;如果 $\eta < 0$ 则说明我国西部地区与东部地区的人均 GDP 差异每降低 1 个百分点,会导致石油消费强度差异增加 η,即该地

区的能源强度在与东部地区缩小经济差异的同时在扩大能源消费强度,即西部地区的经济发展是建立在高能耗的基础上的。

3 中国石油能源强度收敛性的经验分析

本部分对我国石油消费强度进行实证分析,求证我国石油消费强度是否存在收敛性。用模型(3)对我国石油能源消费强度进行 β 绝对收敛检验,使用模型(4)对我国石油消费强度进行 β 条件收敛检验。检验中选取如下指标:石油消费强度(qd),人均产值($rjchzh$)、人口结构($rkjg$)、能源结构(mtd)、产业结构($erch$)、价格因素(jg)和交通占比(jt),本文选用1999~2012年中国大陆除西藏外30个省市自治区的样本数据,样本数据为年度数据。基础数据中,石油终端消费量、煤炭消费比等源自各年度《中国能源统计年鉴》,其他数据来源于中经网统计数据库。计算中,对人均GDP和石油消费强度变量所涉及GDP指标的数据进行了以1992年为基期的价格平减,其他结构性指标未做变动。价格变量采用历年生产者原材料、燃料、动力购进价格指数。各变量的描述性统计特点列表如下:

表1 变量统计描述列表

变量	定义	单位	均值	中位数	最大值	最小值	标准差
qd	石油消费强度	吨/万元	0.2586	0.2322	0.79	0.10	0.1121
mtd	能源结构、煤炭比重	%	0.7162	0.7347	0.8812	0.4395	0.0963
$rkjg$	人口结构	%	0.4328	0.4310	0.8930	0.1525	0.1711
$erch$	产业结构、第二产业比重	%	0.4723	0.4860	0.6150	0.1980	0.0757
$rjchzh$	人均产值	万元/人	1.0347	0.8152	4.2000	0.1600	0.7387
jg	价格因素	%	2.7494	2.6257	6.1795	1.4198	0.8261
jt	交通占比	%	0.0628	0.0603	0.1150	0.0240	0.0177

注:本表根据中经网数据、《中国能源统计年鉴》数据编制。

各变量使用对数形式,回归结果表明被解释变量与解释变量间变动百分率的比值,即弹性关系。β 条件收敛计算中价格变量未通过检验,剔除后,所有变量通过检验,回归结果如表2所示。

回归结果表明我国各省份石油能源消费强度存在 β 绝对收敛和 β 条件收敛趋势。通过条件收敛模型回归结果能够看出,各控制变量对石油消费能源的收敛性作用方向存在较大差异。其中城乡人口结构和交通行业比重对石油能源消费强度的收敛性有负向作用,即这些变量的提高会加大各省份石油能源消费强度的差异;而人均产值的提高、第二产业比重和煤炭能源消费比重的提高有利于缩小各省之间石油能源强度的差异进而促进收敛性。从结果看来,人口结构每提升1个百分点,石油消费强度收敛程度降低0.054;煤炭使用比重每提高1个百分点,各省份的石油消费强度收敛程度提高0.0402;第二产业比重提高1个百分点,石油消费强度收敛程度提高0.014;人均产值每提高 1 个百分点，石油消费强度收敛程度提高 0.036；交通行业占 GDP 比重每上升 1 个百分点，石油能源消费强度的收敛程度降低 0.0549。

表 2 中国石油能源强度收敛性检验结果

系数	β 绝对收敛	β 条件收敛	
α	-0.1406 (-4.0779)***	-0.0400** (-0.3646)	0.0034*** (0.0317)
$\ln(qd)$	-0.0803 (-3.8980)***	-0.0945*** (-3.0206)	-0.1055*** (-3.3602)
$\ln(rkjg)$	-	0.0542*** (1.7229)	0.0536*** (1.6960)
$\ln(mtb)$	-	-0.0234*** (-0.0293)	-0.0411*** (-0.5781)
$\ln(erch)$	-	-0.0235*** (-0.6738)	-0.0140*** (-0.4178)
$\ln(rjchzh)$	-	-0.0200*** (-0.7533)	-0.035951*** (-1.4681)
$\ln(jg)$	-	-0.5109 (-1.2494)	-
$\ln(jt)$	-	0.0388*** (1.0051)	0.0549*** (1.5918)
R-squared	0.5181	0.7546	0.7102
F-statistic	21.1982	4.4539	4.8799
Adjusted R-squared	0.4936	0.5851	0.5647
Durbin-Waston	2.3736	2.3931	2.3763

注：*、**、***分别表示估计值在 10%、5%、1% 的显著性水平下显著。

需要说明的是，本文此处只是对中国石油消费强度收敛性存在与否进行检验，以便下一步进行区域趋同机制的分析，因此只列出了中国石油消费强度的 β 绝对收敛和 β 条件收敛的回归结果。研究过程中发现，我国石油消费强度的 σ 收敛和在本文使用的区域划分方法下的俱乐部收敛也存在，但空间收敛和函数方法收敛不存在。空间收敛不存在说明我国石油消费强度不存在地缘经济现象，而函数方法收敛不存在是因为函数方法的假设条件是区域间人均产出水平收敛，这一假设在研究期间内不成立，因此函数方法的收敛性不存在是从方法论的角度上对收敛性的否定。

4 中国石油消费强度收敛性成因诠释

从经济学角度来看，在经济不断增长的同时，石油的消费量会增加，这种石油消费的绝对增长呈现出发散的趋势。但就石油消费强度来看，可能呈现出收敛的特征，这种收敛的趋势因不同的主体，而在不同的层面上存在不同的收敛机制。

从消费者的角度来看，随着环境问题的日渐突出、绿色环保消费理念的逐渐深入人心及居民收入的提高，大多数消费者在面对环境问题和自身消费的选择时，会选择相对能耗较低的商品，这样能源消费就会有所降低，从而促进总的能源消费强度的降低。从生产者的视角来看，生产者的收敛机制主要表现在生产者的技术选择上，这种技术选择包含两方面：第一是生产进程中生产性消费的技术选择；第二是产品创新的技术选择。随着清洁低碳型生产技术水平的提升，生产过程和新产品应用对石油能源的消费量逐渐减少，促使石油消费强度降低，呈现收敛性特征。产业结构的收敛机制，各产业对石油能源的消费量还存在很大的差异。与第二产业相比较，第一产业和第三产业对石油产品的消费相对较低。在经济发展的不同阶段各产业结构的比重不同。我国已经完成了农业向工业的转变，目前正处在由第二产业向第三产业发展过渡阶段。由于产业结构不同，对石油消费及消费强度的影响也不同，因此当产业结构向有利于降低石油消费的结构形式转化时，会带动石油消费强度呈收敛性趋势变动。政府引导性收敛性机制，从增加社会福利、提升全社会经济效率的视角，政府作为社会管理者要考虑石油消费的社会效应，从而对微观经济主体的生产经营和生活消费进行政策性引导。这样，在政府的引导下，石油消费也会呈现出收敛性特征。

同时，这些收敛性机制发挥作用的层次和范围存在很大的差异性，而且相应作用彼此间也有很大的交互性。总体来看，可以划分为微观层面、产业层面和宏观层面。

就微观层面而言，石油能源强度的收敛机制表现为收入弹性收敛性。微观经济主体作为利润最大化的追逐者，在面对能源约束条件时会调整生产投入的技术指标以达到自己的经营目标，在对能源品种的选择上，受价格因素影响会选择相对低的生产成本。最近几年，由于世界石油市场的价格增长迅猛且石油价格长期处于高价位区间，因此微观经营主体在能源选择方面会从价格视角出发，价格因素是主要能源选择的指标。与此同时，由于环境的约束作用和政府从宏观视角对能源利用和环境改善方面提出了刚性要求，这两种条件的约束下的微观经济主体会根据自身特点统筹长期的发展需要，采用高效低能耗和清洁环保的生产技术来实现自己的经营目标。从而实现生产环节对石油能源强度的降低。对消费主体而言，生活环境的改善是优化生存空间、提升生活质量的一个显著指标。我国20世纪90年代末期，沙尘天气和雾霾天气的出现及扩大趋势受到社会的普遍关注，对沙尘和雾霾天气的治理得到了广大人民群众的大力支持。在植树固沙和低碳治霾的同时低碳生活得到了广泛的响应。同时政府对石油产品价格做出调整，使用价格杠杆调整生活能源的消费导向，消费者作为理性经济人会根据环境资源的稀缺性做出自身的选择。

就产业层面而言，在经济发展的不同阶段，产业结构和能源消费结构会因经济发展趋势的需要产生不同的变化。从产业结构发展的规律来看，就产业比重而言，存在着从"一、二、三"产业调整为"二、一、三"产业到"二、三、一"产业再到"三、二、一"产业变动的发展历程。在现有的三大产业中第二产业所消费的石油消费的石油所占比重最大,而第一产业消费的石油所占比重最低。由于石油能源属于不可再生的化石能源,同时是环境的污染源之一,因此能源结构的优化和对不可再生资源利用水平的提升,会产生对石油能源的替代和优化高效利用,从而导致石油能源强度降低并逐渐收敛。

宏观层面的收敛机制是政府职能的效率表现。随着一个区域或国家的经济增长,政府将从经济发展模式、环保和能源战略安全的视角出发,对能源消费进行管理。如果一个国家的经济发展依赖于能源或其他不可再生资源的利用。那么,这种经济模式就属于不可持续性发展模式,当资源出现枯竭就会打断经济发展进程。为了避免这种现象的出现,在资源尚丰富的时候,政府就会进行对经济的干预和调整,使整体宏观经济发展模式减少对不可再生资源的依赖,以达到未来经济的良性发展目的。经济发展对能源的消耗会造成对环境的影响,政府会在减少环境污染、温室气体排放等方面发挥作用。环境管理的需要,促使政府不断强化地方环保,提升生活环境质量。同时,会在环境管理的同时对环保进行投资,发展环保产业、节能产业并进一步促进新兴产业的建立和维护其成长,以减少经济发展进程中环境的"外部不经济性"。由于经济发展进程中,各种资源间的替代性是不完全的,因此某一种资源的短缺或不足,会影响到整体经济的发展。这种情况下,就需要政府在保障经济正常运行的框架下保障该种资源的供给,以及政策性对该种资源的利用进行合理的分配。政府常用的调剂手段可以是进出口关税、价格、补贴和垄断性经营权的政策颁布。这些手段的利用都能在宏观层面上达到对石油能源消费强度的降低效应,促进石油能源消费强度收敛。

结合上述分析可以看出,在我国经济发展的总趋势的引导下,石油消费总量会随着经济的发展和人民生活水平的提升而不断增加。但是从石油消费效率的视角来看,在消费者消费选择收敛机制、产业结构收敛机制、生产者收敛机制和政府收敛机制的共同作用下我国石油消费强度呈现出收敛性的特征。

5 油消费强度收敛机制的区域差异性分析

在了解我国石油能源消费强度存在收敛性的基础上,本文作如下假设,即在我国目前存在四类石油消费的区域:高能高效、高能低效、低能低效和低能高效。在经济社会发展中,低能高效的经济发展是社会经济发展所追求的发展模式,也是各区域经济发展的目标。我国现在存在经济上努力向高水平发展区域追赶的同时,在石油能耗上向低能耗地区学习的进程。这样,低能耗高经济发展水平的区域就成为各地区的发展目标,石油能源消费强度向这一区域收敛,该假设是石油消费强度收敛的一种路径选择。但是,由于现实中各区域的经济发展态势和在经济发展中能源利用政策等多方面的差异,各区域在向低能高效区域收敛的过程中,各种影响因素对石油能源消费强度的影响效应存在很大的差异,了解这些差异对实际政策的制定有重要的参考价值。

5.1 二维异质性区域划分

根据异质性区域划分原则,本文以各省份在1999~2012年的经济发展水平(人均

GDP）与石油消费强度的均值为划分标准，对我国大陆各省份（西藏除外）进行二维划分。根据上述原则，以人均收入水平为 x 轴，石油消费强度为 y 轴建立二维平面直角坐标系，以人均收入点 1.0351 为 x 坐标原点，以石油消费强度点 0.2585 为 y 轴原点，则在 $x-y$ 平面形成四项限，x、y 正方向代表人均收入和石油消费强度逐渐增加。将各省变量的 1999～2012 年均值打入坐标内，则地区划分结果列表如下。

表3 区域划分列表

区域	模型	区域特征	省份
一	I	经济水平高，石油消费强度高	北京、上海、天津、辽宁、广东
二	II	经济水平低，石油消费强度高	吉林、陕西、海南、黑龙江、甘肃、青海、宁夏、新疆
三	III	经济水平低，石油消费强度低	河北、山西、安徽、江西、河南、湖南、广西、重庆、四川、贵州、云南、湖北
四	IV	经济水平高，石油消费强度低	江苏、浙江、福建、山东、内蒙古

5.2 面板差异化模型说明

借鉴 Bernsein 等（2003）的实证分析模型和齐绍洲（2007）的研究结果，考虑到 Bernsein 等所研究的美国各州之间的经济水平差异较小，而中国各区域的差距较大的情况，同时借鉴 Solo, R.M（1956）的研究中构建建立广义 C-D 生产函数的方法，本文认为石油消费强度是各种影响因素的乘数，得到下面的理论模型：

$$qd_{it} = A_{it}(rjchzh_{it})^{\alpha}(mtb_{it})^{\tau}(rkjg_{it})^{\eta}(erch_{it})^{\mu}(jt_{it})^{\gamma} \tag{14}$$

对模型（14）两边同时取对数，得到如下的回归方程：

$$\log(qd_{it}) = \log(A_{it}) + \alpha\log(rjchzh_{it}) + \tau\log(mtb_{it}) + \eta\log(rkjg_{it}) + \mu\log(erch_{it}) + \gamma\log(jt_{it}) + \varepsilon_{it} \tag{15}$$

将上述模型（15）修改成差异模型：

$$\log\left(\frac{qd_{st}}{qd_{kit}}\right) = \beta_{k0} + \beta_{k1}\log\left(\frac{rjchzh_{st}}{rjchzh_{kit}}\right) + \beta_{k2}\log\left(\frac{mtb_{st}}{mtb_{kit}}\right) + \beta_{k3}\log\left(\frac{rkjg_{st}}{rkjg_{kit}}\right) + \beta_{k4}\log\left(\frac{erch_{st}}{erch_{kit}}\right) + \beta_{k5}\log\left(\frac{jt_{st}}{jt_{kit}}\right) + \sum\theta_i\omega_i \tag{16}$$

在式（16）中，qd_{st} 表示发达地区（本文中第四区域）所有省份的平均石油消费强度；$rjchzh_{st}$、mtb_{st}、$rkjg_{st}$、$erch_{st}$、jt_{st} 分别表示发达地区人均产值、煤炭能源占总能源比重、城镇人口比重、第二产业比重、交通行业占 GDP 比重的所有省份各变量的平均值；k 为在 t 时期相对落后区域（本文为一、二、三区域）的区域代码；i 为各区域的分省代码；qd_{kit} 第 i 省份的石油消费强度；$rjchzh_{kit}$、mtb_{kit}、$rkjg_{kit}$、$erch_{kit}$、jt_{kit} 表示相对落后第 k 区域的第 i 省的人均产值、煤炭能源占总能源比重、城镇人口比重、第二产业比重、交通行业占 GDP 比重。

5.3 估计结果分析

表4 各地区石油消费强度收敛差异性估计结果

系数	第一区域	第二区域	第三区域
c	-0.2431*** (-6.3612)	1.02E-07 (0.6718)	0.0006 (3.9745)
mtd	-0.6198*** (-4.7419)	-4.4888*** (-5.3926)	-3.3159*** (-15.3055)
rkjg	0.4043*** (4.4723)	0.7003*** (5.0935)	0.2891*** (2.8696)
erch	0.1084*** (2.1109)	-0.0567*** (-0.1549)	1.3232*** (7.7816)
rjchzh	-0.0528 (-0.5002)	-1.0303*** (-10.4277)	-0.6907*** (-15.5804)
jt	0.3281 (4.1834)	-0.1551*** (-1.0783)	0.271394*** (3.6057)
R-squared	0.6515	0.8042	0.8757
Adjusted R-squared	0.6243	0.7949	0.8719
F-statistic	23.9305	87.0566	228.2696
Durbin-Watson stat	0.7863	0.4861	1.0806

注：*、**、***分别表示估计值在10%、5%、1%的显著性水平下显著。

上述回归结果说明，在第一区域与第四区域石油消费强度比较中，人均产值和能源结构变化差异缩小，有利于降低两地的石油消费强度差异。而人口结构差异的变化会加大石油消费强度向第四区域收敛的程度，交通占比和第二产业的变化对各区域向第四区域收敛的趋势变化存在不同的可能性。由于函数采用的是对数形式，因此表现的是弹性关系。结果说明，各区域的煤炭比重变动1%，第一区域、第二区域、第三区域的石油消费强度与第四区域的石油消费强度差异分别减小0.62%、4.49%和3.32%。而人均产值差异变动1%，则石油消费强度的差异程度分别缩小0.053%、1.03%和0.69%，由于第一区域和第四区域都是经济相对发达地区，两地的经济发展水平趋同，因此两地的人均收入差异收缩对石油消费强度的差异变动从回归结果上看不显著。而人口结构差异变化对石油消费强度差异的影响呈正效应，这一变量的变动会导致两地石油消费强度的变化扩大。从回归结果上来看，第二区域的扩大效应最大，达到了人口结构差异变动1%，第二区域与第四区域的石油消费强度差异扩大0.7%，其次是第一区域，为0.4%，第三区域为0.29%。第二产业和交通占比的差异变化在各区域的效应不同，第一区域和第三区域与第四区域的第二产业和交通占比差异变动会使两地间的石油消费强度的差异增大，而在第二区域两者的差异会使两地的石油消费强度的差异减小。在第一区域和第三区域的增大程度是，当两地的第二产业差异变动 1 个百分点，第一区域与第四区域的石油消费强度差异增大 0.108，第三区域与第四区域的石油消费强度差异增大 1.323。第二区域与第四区域的第二产业差异变动 1 个百分点，两地的石油消费强度差异缩小 - 0.057。

6　结论

本文通过回归分析，检验了我国石油消费强度存在 β 绝对收敛和 β 条件收敛，并从宏观层面、微观层面和产业层面初步分析了我国石油消费强度收敛的成因。在此基础上设定低能高效的发展模式是各区域经济发展的共同目标，选择我国目前的高效低能区域为基准区域，考察了各区域与高效低能耗区域在石油能源消费强度收敛路径上的机制变动差异。研究表明在各个区域，人均产值和煤炭占能源结构比重这两个因素所引致的石油消费强调的区域差异正在缩小，且呈现出石油消费强度向高效低能耗区域收敛的特征；在第二区域中交通占比与第四区域这一指标间差异也呈现出缩小态势，并促使了第二区域石油消费强度向第四区域收敛；此外，人口结构和第二产业比重这两个指标区域间差异的缩小都阻碍了各区域石油消费强度向第四区域石油消费强度的收敛。在第一区域和第三区域与第四区域交通占比差异的缩小，将阻碍这两地石油消费强度向第四区间石油消费强度收敛。

通过对现有文献的研究发现，任何经济领域的经济指标收敛性都具有时效性特征，因此，在经济实践中，各地区应该结合自身区域特点，充分利用现阶段石油消费强度收敛的机遇期，在这一阶段充分利用相对发达区域的技术外溢、政策外溢、人口流动等效应服务于自己区域的经济发展。

参考文献

成金华，陈军. 2009. 中国城市化进程中的能源消费区域差异——基于面板数据的实证研究. 经济评论，(3)：38 - 46.

董锋，龙如银，周德群等. 2012. 产业结构、技术进步、对外开放程度与单位 GDP 能耗：基于省级面板数据和协整方法. 管理学报，9 (4)：603 - 610.

冐小明，张宗益. 2013. 我国交通运输业能源强度影响因素研究. 管理工程学报，(4)：90 - 99.

李国璋，霍宗杰. 2009. 中国全要素能源效率、收敛性及其影响因素. 经济评论，(6)：101 - 109.

刘源远. 2008. 中国能源效率的地区差异及收敛性研究. 大连：大连理工大学，硕士学位论文.

马珩. 2012. 中国城市化与工业化对能源消费的影响研究. 中国软科学，2012 (1)：176 - 182.

齐绍洲，李锴. 2010. 发展中国家经济增长与能源强度收敛的实证分析. 世界经济研究，(2)：8 - 13.

王晓玲，武春友，赵奥. 2012. 中国城市化与能源强度关系的交互动态效应分析. 中国人口. 资源与环境，(5)：147 - 152.

魏楚，沈满洪. 2007. 能源效率与能源生产率：基于 DEA 方法的省际数据比较. 数量经济技术经济研究，(9)：110 - 121.

张宗益,吕小明,康继. 2013. 中国第二产业能源效率的收敛机制分析. 科研管理,(7): 119–126.

张伟,张金锁,袁显平. 2012. 工业化、经济增长与能源消费——基于中国分省面板数据的实证分析. 统计与信息论坛,(1): 60–65.

周少甫,王亚南. 2015. 中国工业化、城镇化对能源强度的影响——基于动态面板数据模型的研究. 生态经济,(2): 75–79.

Anil Markandya, Suzette Pedroso-Galinato, Dalia Streimikiene. 2006. Energy Intensity in Transition Economies: Is There Convergence towards The EU Average? *Energy Economics*,(28): 121–145.

Miketa A., Mulder P.. 2005. Energy Productivity across Developed and Developing Countries in 10 Munufacturing Sectors: Patterns of Growth and Convergence. *Energy Economics*,(27): 429–453.

Shu jie Y., Dan L., Tyler R.. 2012. Energy Efficiency and Economic Development in China. *Asian Economic Papers*, 11–22.

融资约束对中国上市公司投资行为影响的实证研究

周 宏

(吉林大学商学院,吉林,长春,130012)

摘要:本文将2005年国家股权分置改革作为国家改善金融市场的宏观政策纳入回归模型。考虑到反映融资约束程度的指标众多,本文首先使用Logistic回归方法囊括了融资约束的多个影响因素,创建了反映上市公司融资约束程度的单一指标,用以将样本企业的融资约束程度进行量化。其次,构建了反映上市公司投资-现金流敏感度的Panel Data模型。将样本数据分为1999~2004年及2005~2009年两组进行比较分析,观察2005年的股权分置改革是否对企业的融资约束现象有所改善,并研究融资约束与企业投资行为之间的相关关系。研究结果表明,国家股权分置改革确实改善了我国上市公司所面临的融资约束问题。在1999~2004年,由于委托代理因素的影响,融资约束程度与上市公司投资-现金流敏感度呈"U"形相关关系,即在融资约束较低、企业具有充足资金的情况下,管理者可能为追求个人利益进行过度投资,导致企业投资-现金流敏感度较高;在2005~2009年,金融市场秩序的改善减弱了委托代理因素对企业投资的影响,融资约束与我国上市公司投资-现金流敏感度呈正相关关系,支持中外学者研究的主流观点。

关键词: 融资约束　融资约束指数　股权分置改革　投资-现金流敏感度

Empirical Study of Financial Constraints' Influence on Chinese Enterprises' Investment Behavior

Abstract: In this paper, the 2005 annual national Innovation of non-tradable shares is incorporated into the regression mode as Macroeconomic policy that our country improves the financial market. Considering large quantities of indexes reflecting the financing constraints, this paper firstly used the Logistic regression method included multiple influencing factors of financing constraints and created a single index about listed companies' financing constraints to quantify the sample enterprise financing constraints. Secondly, the paper constructed a Panel

Data model about listed company investment-cash flow sensitivity, divided the sample data into 1999 – 2004 and 2005 – 2009 year two groups for comparative analysis, observed the 2005 annual innovation of non-tradable shares improving the corporate financing constraints phenomenon or not, and studied the relationship between financing constraints and corporate investment behaviors. The results reveal that the national innovation of non-tradable shares indeed improve the financing constraints our listed companies facing with. In the 1999 – 2004 year range, due to the principal-agent factors' influences, listed company financing constraints and investment-cash flow sensitivity showed "U"-type relationship, namely, managers may invest excessively for the pursuit of personal interests lead to high enterprise investment-cash flow sensitivity when financing constraints is low and the enterprise has sufficient funds; In 2005 – 2009 year range, the improvement of financial market weaken the principal-agent factors' influences on enterprises investment, and financing constraints and the listed company investment-cash flow sensitivity in our country is positively related, supporting the mainstream viewpoint of domestic and foreign scholar studies.

Key Words: Financial Constraints   Financial Constraints Index   Split Share Structure Reform   Investment-cash Flow Sensitivity

引 言

　　金融市场是上市公司进行投资、融资活动的载体。在理想条件下的金融市场上，信息不对称现象不存在，上市公司的股票价值即可反映上市公司的全部相关信息。然而，在现实中，金融市场是信息不对称的，上市公司相对于金融机构而言具有一定的信息优势。为防止企业利用信息优势隐瞒相关信息、转移风险成本，金融机构采取了限制企业贷款额度、提高风险项目利率等措施。这些措施将导致企业外部融资成本大于内部融资成本，上市公司的融资约束问题由此产生。

　　合理而有效的投资对上市公司的长远发展至关重要，而融资约束能够直接影响到上市公司可在外部筹集的资金数目，即融资约束程度与上市公司的投资行为之间存在一定的关系。自 20 世纪 80 年代以来，由 Fazzari（1988）首先对融资约束与企业投资 – 现金流敏感度之间的相关性做出了研究。此后中外学者陆续就融资约束的影响因素、融资约束指数的建立、企业投资 – 现金流模型的建立，以及融资约束与企业投资行为之间的关系等方面进行了研究。

　　我国自 1978 年改革开放以来，市场经济逐渐步入正轨。由于我国的社会主义国家体制，我国的金融市场具有特殊性。第一，我国金融市场建立的时间较短，信息不对称现象更为严重，金融市场进行自我调节，实现上市公司优胜劣汰的能力，相比欧美成熟的金融市场较弱。为弥补我国金融市场自我调节能力较弱的问题，我国政府一般直接通过宏观政策干涉来调节市场运作。如何运用政府宏观调控的方式促进我国经济发展，是一个具有现实意义的重要问题。第二，我国金融机构的审查程序更为适用于大规模、次数频繁的交易，我国大型上市公司较之中小型上市公司更易获得贷款，间接限制了我国中小型上市公司的发展机会。2008 年"信贷危机"的爆发，部分原因是银行对次级贷款方的审查较为松懈，最终导致大量次级信贷无法偿还，几乎引发了金融市场的崩溃。"信贷危机"的爆发，促使人们更为关注金融机构贷款审查程序的设立。如何协调中小企业发展机会与市场信任危机的矛盾，成为促进我国中小型上市公司健康长远发展的关键。

本文拟在中国金融市场背景下，参照前人的研究方法，建立融资约束指数以量化企业的融资约束程度，并架构回归模型对融资约束与上市公司投资行为之间的相关关系进行研究。本文结合了我国金融市场更为依赖国家宏观调控的特点，将 2005 年的股权分置改革纳入回归分析的考虑之中，研究国家宏观调控能否改善我国金融市场的运营秩序。

1 样本数据来源

自改革开放之后，我国的市场经济逐步发展起来。但直至 1998 年，上市公司的现金流量表才开始发布，即我国从 1998 年开始，报表使用者才能够得到企业相对完整的财务信息。本文选取我国 1999~2009 年的制造业上市公司作为研究样本，利用二元 Logistic 回归方法及 Panel Data 模型来研究融资约束对我国上市公司投资行为的影响。之所以选择制造业而不是其他行业的上市公司，主要是考虑到制造业企业拥有较大数额的固定资产，其投资行为多为实物投资，且固定资产使用周期一般较长，资产的专用性也较严格。另外，根据统计数据显示，制造业企业在我国所有上市公司中所占比例高达 60% 以上。由此可见，选取制造业上市公司作为实证研究样本，能够对我国上市公司总体的投资行为做出较好的概括。

为研究我国宏观经济政策是否对金融市场规范运作具有正向影响，本文将 2005 年我国政府推行的股权分置改革政策纳入实证研究的考虑范畴。所谓股权分置改革，就是政府将之前不能上市流通的股票（包括国有股及各种其他形式的股票）全部投放于金融市场，并将同一上市公司的股份分为流通股与非流通股两大类。政府实行改革之前，持有非流通股的股东持股成本小于持有流通股的股东，故前者在投资交易上占有很大优势。而股权分置改革的根本目标在于实现同股同权，切实解决股东持股成本差异的问题，促进平等竞争，加速证券市场制度和上市公司治理结构的改善。本文将样本企业划分为 1999~2004 年及 2005~2009 年二组进行面板回归分析，用以比较国家股权分置改革前后，融资约束对上市公司投资行为的影响是否有所差异。

为方便参考，现将本文实证研究中所有相关变量及其计算公式一一在表 1~表 3 中列出。

表 1 列出了融资约束指数的预分组指标。股利支付率与现金存量均为常用的衡量融资约束程度的指标，但由于仅凭股利支付率本身无法准确描述企业融资约束程度的波动，因此本文同时使用股利支付率与现金存量两个指标来对样本企业进行预分组。

根据样本企业的相关指标与融资约束之间的相关性，将样本企业按融资约束程度自低至高排序：两个指标排序均进入前 1/2 的样本企业预分组为不存在融资约束组，两个指标排序均进入后 1/2 的样本企业预分组为存在融资约束组，之后在此分组基础上运用二元 Logistic 回归方法建立融资约束指数。

表 1 融资约束指数预分组指标

财务指标	表达式	相关性
股利支付率	股利支付总额/净利润总额	负相关
现金存量	（货币资金 + 短期投资净额）/ 期初资本存量	正相关

表 2 列出了构成融资约束指数的全部解释变量。考虑到相关数据收集的便利性，并借鉴魏锋（2005）、况学文等（2010）关于融资约束影响因素的研究，根据我国金融市场的特点，本文选择使用一系列财务指标作为融资约束指数的解释变量。通过观察其中公司规模变量与融资约束指数之间的相关性，可以推断出在我国，与大规模上市公司相比，中小规模的上市公司是否确实面临更为严重的融资约束。

表 2 构成融资约束指数的解释变量

融资约束相关指标	表达式
$CFW_{i,t}$（经营活动产生的现金流量净额）	公司经营活动产生的现金流量净额/期初总资产
$Div_{i,t}$（股利分配率）	股利总额/净利润总额
$Slack_{i,t}$（松弛变量）	（货币资金 + 短期投资 − 短期投资跌价准备 + 应收账款 − 应收账款坏账准备 + 存货 − 存货跌价准备 − 短期贷款）/期初总资产
$Liab_{i,t}$（资产负债率）	当期负债总额/当期资产总额
$Scale_{i,t}$（公司规模）	公司当期总资产的自然对数

表 3 列出了本文实证研究中上市公司投资行为回归模型的全部相关变量。其中解释变量为企业的经营现金流量，企业经营现金流量与企业投资水平之间的相关性反映了上市公司的投资−现金流敏感度。实证研究用融资约束指数量化样本企业的融资约束程度，并将样本企业按融资约束程度的不同进行分组，对不同融资约束组之间的投资−现金流敏感度进行比较，以此来研究融资约束对上市公司投资行为的影响。

表 3 企业投资−现金流敏感度面板模型的相关变量

	变量名	表达式
被解释变量	$Inv_{i,t}$（企业投资水平）	（当期固定资产存量 + 当期折旧 − 前期固定资产存量）/当期总资产
解释变量	$CFW_{i,t}$（经营现金流量）	经营活动产生的现金流量净额/当期总资产
控制变量	$Cash_{i,t-1}$（企业前期现金存量）	（前期货币资金 + 前期短期投资）/前期总资产
	$Oppor_{i,t}$（投资机会）	（股价×流通股股数 + 每股净资产×非流通股股数 + 当期总负债）/当期总资产

	变量名	表达式
控制变量	$Tobin-q_{i,t}$（托宾 Q 值）	（股价×流通股股数＋当期总负债）/当期总资产
	$Sale_{i,t}$（当期主营业务收入）	主营业务收入净额/当期资产存量
	$Scale_{i,t}$（规模变量）	当期总资产账面价值的自然对数

为避免在实证研究过程中，由于异常值或数据缺失对实证结果造成影响，本文使用的样本企业中剔除了财务状况异常的 ST/PT 企业、净资产为负的企业、净资产收益率过大或过小（大于 2 或小于 -2）的企业，以及含有缺失数据的企业。剔除干扰值之后，本文最终用于实证研究的企业样本，包括 1999~2004 年的 389 家制造业上市公司，以及 2005~2009 年的 340 家制造业上市公司。实证研究变量计算所需的所有数据均来自上市公司的财务报表，所有报表数据均来自 Wind 金融数据库。

2 运用二元 Logistic 回归模型架构融资约束指数

由于本文的实证研究考虑到 2005 年国家股权分置改革的政策，因此本文对 1999~2004 年及 2005~2009 年两段时间跨度的企业样本分别进行回归分析，用以比较股权分置改革前后，融资约束对上市公司投资行为的影响差异。为衡量上市公司的融资约束程度，本文使用二元 Logistic 回归模型建立融资约束指数。

2.1 二元 Logistic 模型的预分组与融资约束指数的建立

Logistic 回归方法要求被解释变量为 0/1 二值品质型变量。为建立融资约束指数，首先需要对样本企业进行预分组，将样本分为存在融资约束与不存在融资约束两组。

表 1 中列出了对企业样本进行 Logistic 预分组的两项指标——股利支付率与现金存量。其中股利支付率与融资约束呈负相关关系，而现金存量与融资约束呈正相关关系。首先将每年的上市公司样本分别按照两个指标值的大小，以融资约束程度由低至高的顺序分别进行排序；然后选取两次排序结果均进入前 1/2 的企业样本作为不存在融资约束组，将企业融资约束指数赋值为 0，选取两次排序结果均进入后 1/2 的企业样本作为存在融资约束组，将企业融资约束指数赋值为 1；最后运用两组预分组样本企业，进行 Logistic 融资约束指数的构建。

表 4 二元 Logistic 模型的回归结果

	变量	系数值	标准差	Wald 统计量	概率 P 值
1999~2004 年	C	-5.522	3.715	2.209	0.137
	$Slack_{i,t}$	4.219	0.754	31.271	0.000
	$Scale_{i,t}$	0.635	0.191	11.106	0.001
	$Div_{i,t}$	-16.812	1.452	133.975	0.000
	$Liab_{i,t}$	-14.227	1.493	90.756	0.000

续表

	变量	系数值	标准差	Wald 统计量	概率 P 值
2005~2009 年	C	10.757	2.333	21.252	0.000
	$Slack_{i,t}$	3.696	0.481	58.987	0.000
	$Scale_{i,t}$	-0.423	0.107	15.701	0.000
	$Div_{i,t}$	-3.571	0.516	47.819	0.000
	$Liab_{i,t}$	-3.605	0.478	56.786	0.000
	$CFW_{i,t}$	-2.714	1.160	5.470	0.000

在建立 Logistic 回归模型之前要对单个解释变量的显著性做出检验。从表4中容易看出，2005~2009 年融资约束指数的解释变量比 1999~2004 年多出一项 $CFW_{i,t}$，即企业经营活动产生的现金流量净额在 2005 年股权分置改革之后，才与上市公司融资约束程度显著相关。需要注意的是，2005 年之前，制造业上市公司中国有企业的比重较大，且国有股不在市场上进行流通，国有股股东的持股成本较小，国有股相比流通的其他形式股票占据绝对优势。由于国有企业能够从国家渠道获取投资所需资金，受到企业内部现金流量影响的可能性较小。因此 1999~2004 年之间，企业内部现金流与融资约束之间的关系并不显著。2005 年国家实行的股权分置改革，使得私营股股票得到了与国有股平等竞争的机会，制造业上市公司中，私营企业的比重明显增加。因此 2005~2009 年企业内部现金流与企业融资约束程度的相关性较为显著。

本文将融资约束指数用 FC（Financial Constraints）表示，根据表4的回归结果，将融资约束指数公式列出，如方程（1）和方程（2）所示：

1999~2004 年融资约束指数：

$$FC_{99-04} = -5.522 + 4.219 Slack_{i,t} + 0.635 Scale_{i,t} - 16.812 Div_{i,t} - 14.227 Liab_{i,t} \quad (1)$$

2005~2009 年融资约束指数：

$$FC_{05-09} = 10.757 + 3.696 Slack_{i,t} - 0.423 Scale_{i,t} - 3.571 Div_{i,t} - 3.605 Liab_{i,t} - 2.714 CFW_{i,t} \quad (2)$$

通过对 2005 年前后融资约束指数的比较可以看出，解释变量与融资约束指数之间的相关性基本相同，仅有上市公司规模一项例外。在 1999~2004 年，上市公司规模与融资约束程度呈正相关关系。2005~2009 年，上市公司规模与融资约束程度呈负相关关系。

在全林等（2004）的实证研究成果中，对 1999~2004 年公司规模与融资约束程度正相关的原因做出了解释。该实证研究使用 2000~2001 年上市公司的数据，得出了大规模上市公司的投资-现金流敏感度高于小规模上市公司的结论。全林等（2004）认为，在中国加入世界贸易组织后，大规模上市公司面临更大的竞争压力和更多的投资机会，导致内部资金流量相对紧缺，故投资-现金流敏感度较高。而中小规模上市公司由于内部治理结构不完善等问题，管理层委托代理现象严重，管理者可能为谋求自身利益，不计代价地进行高风险投资，而不考虑企业内部现金流的实际状况。总而言之，大规模企业面临较多的投资机会，内部现金流紧缺，故面临融资约束程度较高；而中小规模上市公司仅对投资敏感，对现金流不敏感，故面临融资约束程度较低。总之，实证结论显示，1999~2004年，上市公司规模与企业融资约束程度呈正相关关系。

实证结果显示，2005~2009年，上市公司规模与融资约束之间转变为负相关关系。根据国家经济普查结果显示，2005年，国有企业数量占总体企业数的5.5%，集体企业占10.5%，私营企业占61.0%，其他有限责任公司占10.6%，股份有限公司占1.9%。2005年国家推行的股权分置改革，实现了同股同权，使得其他形式的股票得到了与国有股平等竞争的机会。2005年之后，更多中小规模的私营企业上市发行股票，而国有和集体企业所占比例在2005年之后有所减少。2008年爆发的"信贷危机"，使得银行更为重视企业贷款信用的审查程序，投资风险较高的中小型上市公司难以取得贷款。另外，正如胡乃武等（2006）指出的，当前金融机构的规模经济型审查程序更适用于大型上市公司，但不适用于中小型企业。由于中小型上市公司的融资渠道基本局限于外部（银行）贷款，资金来源不足，故面临较严重的融资约束。大型上市公司中，国有企业较多，能够通过国家渠道获取短缺资金，融资约束程度相对较小。以上因素可以解释实证研究中显示的，2005~2009年公司规模与企业融资约束程度负相关的结论。

2.2 二元 Logistic 回归方程的结果检验

为评价融资约束指数的优劣，本文通过错判矩阵的形式来展现 Logistic 融资约束指数预测值与实际观测值的吻合程度。错判矩阵的一般形式如表 5 所示，观测表中观测值正确率与总体正确率即可评价模型的优劣。

表 5 错判矩阵

观测值		预测值		正确率
		0	1	
观测值	0	f_{11}	f_{12}	$\dfrac{f_{11}}{f_{11}+f_{12}}$
	1	f_{21}	f_{22}	$\dfrac{f_{22}}{f_{21}+f_{22}}$
总体正确率		$\dfrac{f_{11}+f_{22}}{f_{11}+f_{12}+f_{21}+f_{22}}$		

表6展示了本文实证研究中融资约束指数的错判率。通过表6中数值即可看出：在1999~2004年，未建立Logistic模型时，总体判别正确率仅为50.3%，使用Logistic方法建立融资约束指数之后，模型的总体判别正确率上升到95.8%；在2005~2009年，未建立Logistic模型时，总体判别正确率仅为50.0%，使用Logistic方法建立融资约束指数之后，模型的总体判别正确率上升到89.5%。

表6 二元Logistic模型的错判矩阵分析结果

		1999~2004年			2005~2009年		
		低融资约束组	高融资约束组	正确率(%)	低融资约束组	高融资约束组	正确率(%)
Logistic分析初期，方程中仅含常数项	低融资约束组	0	481	.0	0	330	.0
	高融资约束组	0	486	100.0	0	330	100.0
	总体判别正确率(%)		50.3			50.0	
最终的Logistic回归分析结果	低融资约束组	455	26	94.6	288	42	87.3
	高融资约束组	15	471	96.9	27	303	91.8
	总体判别正确率(%)		95.8			89.5	

总之，根据以上对本文融资约束指数 FC 的检验，说明融资约束指数 FC 能够较好地将上市公司样本的融资约束程度量化，可以将该指数运用于面板回归分析之中，将样本企业按融资约束程度进行分组。

3 使用Panel Data模型构建描述企业投资行为的回归模型

本文的实证研究样本数据包括不同制造业上市公司1999~2009年的财务数据，是具有个体、时间、指标三维信息的面板数据，故本文采用Panel Data模型来进行面板数据的计量。

3.1 Panel Data模型的建立

本文的Panel Data模型借鉴了李金等（2007）、陈伟等（2010）、汪强等（2008）关于企业投资-现金流敏感度模型的架构，并结合本文的研究方向，建立的Panel Data回归模型如方程（3）所示：

$$\ln v_{i,t} = \alpha + \beta_1 * CFW_{i,t} + \gamma_1 * CASH_{i,t-1} + \gamma_2 * Tobin - q_{i,t} \\ + \gamma_3 * INV_{i,t} + \gamma_4 * SALE_{i,t} + \gamma_5 * SCALE_{i,t} + \varepsilon_{i,t} \quad (3)$$

本文的时间序列较短，又划分为1999~2004年及2005~2009年两个时间段进行研究，经过比较回归结果的显著性和相关性，最终选择使用固定影响的变截距面板模型进行回归分析。

本文的面板回归方法概括如下：首先，根据Logistic融资约束指数，计算出各个样本企业的融资约束值；其次，按照样本企业融资约束指数值，将1999~2004年与2005~2009年的上市公司样本划分为高融资约束、中融资约束与低融资约束三组，分组依据如表7所示；最后，对1999~2004年和2005~2009年的样本企业分别进行回归分析，并对回归结果进行比较，用以说明2005年国家股权分置改革的宏观调控是否能够缓和企业面临的融资约束问题，维护金融市场秩序，或对上市公司的投资行为起到规范作用。

表 7　样本企业融资约束程度分组标准

	低融资约束组	中融资约束组	高融资约束组
1999~2004 年	$FC \leq -0.085$	$-0.085 < FC \leq 4.402$	$FC > 4.402$
2005~2009 年	$FC \leq 0.245$	$0.245 < FC \leq 1.957$	$FC > 1.957$

3.2　Panel Data 模型分组分析结果及比较分析

研究界学者多认为，企业投资行为回归模型中，现金流系数能够反映企业的投资 - 现金流敏感性，本文亦采取这种研究方法。根据方程（3）可知，β_1 反映了上市公司的投资 - 现金流敏感度。本文通过比较不同融资约束组上市公司 β_1 系数的差异，对企业融资约束程度与投资行为之间的相关关系做出推论和比较。

表 8　1999~2004 年企业投资 - 现金流敏感度模型回归结果

变量	低融资约束组			中融资约束组			高融资约束组		
	系数	标准差	P 值	系数	标准差	P 值	系数	标准差	P 值
$CFW_{i,t}$	0.388*** (6.493)	0.060	0.000	0.220 (1.238)	0.178	0.216	0.306 (1.547)	0.198	0.122
$CASH_{i,t-1}$	0.085 (1.473)	0.058	0.141	0.181** (2.097)	0.086	0.036	0.258** (2.317)	0.111	0.021
$Tobin-q_{i,t}$	0.221*** (4.223)	0.052	0.000	-0.068 (-1.249)	0.055	0.212	-0.056 (-1.004)	0.056	0.312
$Oppor_{i,t}$	-0.228*** (-4.440)	0.051	0.000	0.083* (1.512)	0.055	0.131	0.038 (0.607)	0.062	0.544
$SALE_{i,t}$	-0.064*** (-3.763)	0.017	0.000	-0.059** (-2.089)	0.028	0.037	-0.031 (-1.598)	0.020	0.110
$SCALE_{i,t}$	0.006 (0.844)	0.007	0.398	0.030*** (3.157)	0.010	0.002	0.017* (1.744)	0.010	0.082
C（常数项）	0.086 (0.551)	0.157	0.582	-0.598*** (-2.742)	0.218	0.006	-0.335 (-1.535)	0.218	0.125
Adj. R^2	0.075			0.055			0.162		
F 值	11.492			8.468			26.093		
F 值相应 P 值	0.000			0.000			0.000		

注：表中的 *、**、*** 分别表示解释变量在 1%、5%、10% 的置信水平下显著。

1999~2004 年的面板模型回归结果如表 8 所示：高、中、低融资约束三组 β_1 系数均为正，说明在 1999～2004 年，企业投资水平与经营现金流量呈正相关关系，内部现金流充裕的企业倾向于做出更多的投资活动；随融资约束程度的增加，企业的投资－现金流敏感度呈 U 形变化，中融资约束组的 β_1 系数值为 0.220，小于低融资约束组的 0.388 与高融资约束组的 0.306。

其中，中融资约束组比高融资约束组的 β_1 值略小，说明在较高的融资约束条件下，企业投资更为依赖内部现金流。该实证结果与 Fazzari（1988）的主流观点相符。但低融资约束组的 β_1 系数反而高于中融资约束组的 β_1 系数，则可根据 Vogt（2005）的研究成果进行解释：上市公司管理层委托代理现象严重，即使在企业面临的融资约束程度较低、内部现金流充裕的情况下，企业管理者仍可能出于追求自身利益的目的，使企业投资于并非必需的、风险较高的投资项目，一旦盈利，企业管理者会得到巨大收益。但假如投资行为造成亏损，损失多数由企业本身承担。由于管理者的非必要投资往往造成企业投资过度，企业内部投资仍较依赖内部现金流，因此最终造成在上市公司融资约束程度较低的情况下，投资－现金流敏感度仍较高的反常现象。

表 9 2005～2009 年企业投资－现金流敏感度模型回归结果

变量	低融资约束组			中融资约束组			高融资约束组		
	系数	标准差	P 值	系数	标准差	P 值	系数	标准差	P 值
$CFW_{i,t}$	0.148** (2.011)	0.074	0.046	0.270 (0.956)	0.283	0.340	0.290 (0.877)	0.330	0.381
$CASH_{i,t-1}$	0.106 (0.935)	0.114	0.351	0.635 (1.526)	0.416	0.128	0.620 (1.643)	0.378	0.102
$Tobin-q_{i,t}$	-0.171*** (-9.901)	0.017	0.000	0.321** (2.070)	0.155	0.040	-0.354* (-1.910)	0.186	0.057
$Oppor_{i,t}$	0.171*** (9.902)	0.017	0.000	-0.318** (-2.072)	0.155	0.039	0.353* (1.908)	0.185	0.058
$SALE_{i,t}$	-0.023*** (-5.368)	0.004	0.000	-0.074*** (-3.093)	0.024	0.002	-0.057* (-1.798)	0.032	0.074
$SCALE_{i,t}$	0.030*** (-3.147)	0.010	0.010	0.390*** (5.261)	0.074	0.000	0.271** (2.607)	0.104	0.010
C （常数项）	0.012 (0.061)	0.197	0.951	-0.870*** (-2.835)	0.307	0.005	-0.238 (-0.611)	0.389	0.541
Adj. R^2	0.236			0.214			0.236		
F 值	9.673			9.155			11.929		
F 值相应 P 值	0.000			0.000			0.000		

注：表中的 *、**、*** 分别表示解释变量在 1%、5%、10% 的置信水平下显著。

2005～2009 年的面板模型回归结果如表 9 所示：高、中、低融资约束三组 β_1 系数均为正,说明在 2005~2009 年,企业现金流与企业投资亦呈现正相关关系,现金流充裕的企业倾向于做出更多的投资活动。而随着融资约束程度的增加,β_1 系数亦增加。低融资约束组 β_1 系数值为 0.148,中融资约束组 β_1 系数值为 0.270,低融资约束组 β_1 系数值为 0.290,说明企业融资约束程度与投资-现金流敏感性呈正相关关系。

将 1999~2004 年与 2005~2009 年的面板模型回归结果进行比较,可以发现国家股权分置改革确实使得上市公司管理层委托代理现象有所改善。在企业受到融资约束较低,同时投资机会较少的情况下,企业投资-现金流敏感性的 β_1 系数值仅为 0.148,说明企业内部多余资金并没有被管理者用作过度投资。这说明国家采取的股权分置改革宏观调控政策,确实在一定程度上起到了促进金融市场自由竞争,优化企业内部治理机制的作用。

4 结论

根据上面的实证研究结果,可以将本文的实证研究结论简单地概括如下。

(1) Logistic 融资约束指数表明,上市公司规模与企业融资约束程度在 1999~2004 年呈现正相关关系;在 2005~2009 年呈现负相关关系。

1999~2004 年,由于中国加入世界贸易组织,大规模企业面临较多的投资机会,导致内部现金流紧缺,故面临融资约束问题;而中小规模上市公司主要由于信息不对称严重,投资机会较少,故融资约束程度较低。在 2005~2009 年,由于 2008 年爆发了"信贷危机",国家推行信贷管制政策,银行更为重视企业贷款信用的审查程序,投资风险较高的中小型上市公司难以取得贷款,而大型上市公司多为国有企业,能够通过国家渠道获取短缺资金,因此上市公司规模与企业融资约束程度负相关关系。

(2) 1999~2004 年,企业投资水平与企业经营现金流量呈现正相关关系,而随着融资约束程度的增长,企业的投资-现金流敏感程度呈 U 形变动。根据 Vogt(2005)的观点,由于企业内部委托代理问题严重,即使在企业面临的融资约束程度较低,内部资金充裕的情况下,企业管理者仍可能使企业过度投资于风险较高的投资项目,以期获得额外收益。因此造成在融资约束程度较低的情况下,投资-现金流敏感度仍较高的反常现象。

2005~2009 年,企业投资水平与企业经营现金流量呈现正相关关系,而企业投资-现金流敏感度与融资约束程度亦为正相关关系。与 Fazzari(1988)的经典观点相同:在外部融资条件较为紧张的前提下,企业对内部现金流的需求更高,故企业投资-现金流敏感度较高。即企业投资-现金流敏感度与融资约束程度呈正相关关系。

(3) 将 1999~2004 年与 2005~2009 年的面板模型回归结果进行比较,可以发现 2005 年国家股权分置改革使得企业内部委托代理现象有所改善,企业融资约束与投资-现金流敏感度不再呈现反常的 U 形变动。这说明国家采取的宏观调控政策确实在一定程度上起到了优化金融市场运行秩序与企业内部治理机制的作用。

参考文献

陈伟,张碧.2010.融资约束、信息不对称与企业投资行为——来自中国上市公司的经验数据.科技和产业,(4):89-92.

胡乃武,罗丹阳.2006.对中小企业融资约束的重新解释.经济与管理研究,(5):39-46.

况学文,施臻懿,何恩良.2010.中国上市公司融资约束指数设计与评价.山西财经大学学报,(5):110-117.

李金,李仕明,熊小舟.2007.我国上市公司投资-现金流敏感度实证研究.管理学报,(11):824-828.

全林,姜秀珍,陈俊芳.2004.不同公司规模下现金流量对投资决策影响的实证研究.上海交通大学学报,(3):355-358.

汪强,林晨,吴世农.2008.融资约束、公司治理与投资-现金流敏感性——基于中国上市公司的实证研究.当代财经,(12):104-109.

魏锋,孔煜.2005.融资约束、不确定性与公司投资行为——基于我国制造业上市公司的实证分析.中国软科学,(3):43-49.

Fazzari S.M., Hubbard R.G., Petersen B.C.. 1988. Financing, Constraints and Corporate Investment. Brookings Papers on Economic Activity, (1): 141-206.

Vogt. 2005. Is Investment-Cash Flow Sensitivity Caused by the Agency Costs or Asymmetric Information? Evidence from the U.K.. *Social Science Research Network*, 2 (1).

教育部人文社会科学重点研究基地
吉林大学数量经济研究中心简介

  吉林大学数量经济研究中心成立于 1999 年 10 月，2000 年 9 月 25 日被教育部批准为普通高等学校人文社会科学重点研究基地。中心现有研究人员 21 人，其中，专职人员 9 人全部为教授、博士生导师。兼职人员 12 人，其中教授 11 人、副教授 1 人、博士生导师 12 人；专职行政管理干部 3 人。现任研究中心主任张屹山教授、副主任陈守东教授、孙巍教授和王淑华副研究员。中心现有吉林大学哲学社会科学资深教授 1 人，长江学者特聘教授 1 人，新世纪百千万人才计划 1 人，教育部新世纪优秀人才 5 人。主要学术带头人有张屹山教授、刘金全教授、陈守东教授、孙巍教授、张世伟教授等。

  吉林大学是国内数量经济学研究和教学起步最早的单位之一。在 1986 年和 1993 年先后获国家教育部批准，建立了数量经济学硕士点和博士点，1996 年该博士点和经济学科其他两个博士点共同组建了经济学科的博士后流动站。本中心现下设五个研究室，包括经济周期与经济政策计量研究室、权力范式的经济理论体系构建研究室、金融计量与风险管理研究室、微观经济计量与模拟研究室、经济与社会指数研究室。

  中心成立以来，坚持理论研究和应用研究相结合、定量分析和定性分析相结合，关注我国社会、经济等领域的重大学科前沿问题，并结合中国的实际和现实问题进行深入的分析和研究，在经济形势分析与预测、经济政策理论与评价、金融市场与金融风险、微观经济计量与模拟、经济学研究的权力范式等方向，产出了一批高水平研究成果。目前中心承担国家社科基金、自然科学基金等各类国家与省部级研究课题 40 余项，其中获立国家社科基金重大项目 2 项，教育部重大攻关项目 1 项。经过中心专兼职人员的不断努力，在《中国社会科学》《经济研究》《数量经济技术经济研究》《经济学动态》《金融研究》《管理世界》等国内重要核心期刊上发表论文数百篇；获国家、教育部及其他省部级奖励 30 余项。其中，张屹山教授和刘金全教授分别于 2013 年和 2009 年荣获教育部高等学校科学研究优秀成果奖（人文社会科学）二等奖。基地已两次通过教育部高校人文社会科学重点研究基地合格评估。

  在合作研究方面，本中心与中国（海南）改革发展研究院成立了吉林大学－中国（海南）改革发展研究院经济政策定量研究中心。该中心的成立有利于为进一步加强我校数量经济学科的优势，扩大影响力，促进理论研究与实证分析的紧密结合。通过经济政策定量研究理论与方法研究实力和经济政策咨询服务影响力的有机结合，把中心建成具有经济基础理论研究和经济政策咨询双重优势的新型智库。

  目前数量经济研究中心正在制定中心中长期学科建设和研究规划，营造功能齐全和管理完善的研究环境，开展重大的理论和应用研究，中心的研究人员正为把中心建设成国内外一流的研究基地而努力工作着。

撰稿者须知

一、本刊组稿要求

1. 强调学术性：要求论文具有较高学术水准，拒绝常识性和教科书式描述。
2. 强调前瞻性：要求论文选题前沿，内容新颖，方法得当。
3. 强调实证性：要求论文应用理论分析实际，应用实践提升理论。
4. 强调规范性：要求论文采用规范的经济学研究方法和语言。

二、投稿

1. 作者可以登录吉林大学数量经济研究中心网站（http://jlucqe.jlu.edu.cn）在用户投稿栏目将论文上传至吉林大学数量经济研究中心《数量经济研究》编辑部，同时附作者联系电话和电子邮箱。篇幅请控制在1.5万字以内。
2. 稿件应附有规范的中英文对照标题、作者姓名、单位、摘要及关键词。
3. 中图分类号、文献标识码。
4. 稿件应附作者中文姓名、性别、出生年月、籍贯、工作单位、学位、职务、职称、研究方向、通信地址、邮政编码、联系电话（宅电、单位电话、手机）、电子信箱等。
5. 稿件使用Office系统Word软件A4排版，字号为5号宋体，行间距18磅。要求：文字和图表字迹清晰，数学公式表达规范，数据准确，图表内文字应为中文，不得使用外文。
6. 来稿应是未公开发表的作品，内容不得涉及国家机密。
7. 来稿应避免政治性的错误，对台湾、香港、澳门，前面要加注"中国"字样。

三、文内格式

1. 论文题目（即一级标题）：黑体三号。
2. 作者及作者单位：楷体小四号，作者人数原则上不超过三人。
3. 内容摘要：楷体小五号格式，原则上不超过300字。
4. 关键词：楷体小五号格式，原则上不超过五个。
5. 中图分类号：黑体小五号，此项由编者分类填写。
6. 正文：全文由宋体五号、18磅行距排版书写。其中，二级标题以黑体四号字排版，题头空两格，标题中若有数字出现，以汉字一至九书写；三级标题以楷体小四号字排版，标题中若有数字出现，以阿拉伯数字1~9书写。

四、参考文献

1. 参考文献附于正文之后，按要求所列文献应与文内相对应。
2. 文献格式为：作者. 发表时间. 文章名（书名）. 期刊名（出版社），卷期数，页码。
3. 原则上文末所列参考文献应与正文有对应关系，引用时应在括号内按姓名、年份的顺序注明该文献，如（科斯，1946）。如同一年份中有一个以上文献，可在年份后加 a、b、c……如正文中已有作者名字，括号内可仅注明年份。

五、审稿

本刊实行匿名审稿制度，通过编辑部初审的论文，我们将请专家以公正和客观的态度审阅您的稿件。稿件一经评审通过即通知作者本人。本刊再一次热忱地欢迎国内外学者踊跃投稿。

图书在版编目(CIP)数据

数量经济研究.2016年.第7卷.第1期/张屹山主编.--北京：社会科学文献出版社，2016.6
ISBN 978-7-5097-9058-8

Ⅰ.①数… Ⅱ.①张… Ⅲ.①数量经济学-文集 Ⅳ.①F224.0-53

中国版本图书馆 CIP 数据核字（2016）第 093851 号

数量经济研究（2016年第7卷 第1期）

主　　编／张屹山

出 版 人／谢寿光
项目统筹／恽　薇　陈凤玲
责任编辑／陈凤玲

出　　版	社会科学文献出版社·经济与管理出版分社（010）59367226
	地址：北京市北三环中路甲29号院华龙大厦　邮编：100029
	网址：www.ssap.com.cn
发　　行	市场营销中心（010）59367081　59367018
印　　装	三河市尚艺印装有限公司
规　　格	开　本：787mm×1092mm　1/16
	印　张：9　字　数：201千字
版　　次	2016年6月第1版　2016年6月第1次印刷
书　　号	ISBN 978-7-5097-9058-8
定　　价	58.00元

本书如有印装质量问题，请与读者服务中心（010-59367028）联系

版权所有　翻印必究